"[...] Criei filhos e os fiz crescer [...]" (Isaías 1.2)

A visão bíblica de relacionamento com Deus nos remete ao Deus cuja natureza é relacional. Para desenvolver um relacionamento verdadeiro sem empecilhos, ele criou filhos.

Biblicamente falando, a única possibilidade de uma adoração em espírito e em verdade acontece quando somos transformados em filhos, ou seja, quando pela graça nascemos de Deus herdando seu DNA. Consequentemente, a vida de oração, jejum, louvor e adoração torna-se um modo de viver diário, com o auxílio incomparável do Espírito Santo que intercede por nós com gemidos inexprimíveis.

Ao ler este livro, você perceberá que o autor pretende nos ensinar e conduzir pelos caminhos da intimidade com Deus na condição de filhos, baseado no eterno propósito feito em Cristo Jesus, conforme Efésios 3.11. Boa leitura!

— **Adhemar de Campos**, *pastor, ministro de louvor e adoração renomado, compositor consagrado*

Ainda me lembro de quando eu era adolescente e li: "A intimidade do Senhor é para os que o temem, aos quais ele dará a conhecer a sua aliança" (Salmos 25.14, *ARA*). Entendi que há um lugar mais perto dele, mais chegado ao seu coração, mas esse privilégio é condicional. Deus se dá a conhecer aos que são mais enamorados por sua beleza do que por outros prazeres. Este livro e as canções do Marcos reacendem em mim esse desejo santo que já me levou a renúncias dolorosas. Essas escolhas foram as que me fizeram desfrutar da intimidade e do favor de Deus como a recompensa mais preciosa que eu poderia ter. Não vou me contentar com o que já conheço dele, quero ser mais íntima! E você?

— **Ana Paula Valadão Bessa**, *pastora, compositora, cantor e líder de Diante do Trono, Missão DT e Before The Throne Church*

DEUS NÃO TEM FAVORITOS,
TEM ÍNTIMOS

DEUS NÃO TEM FAVORITOS,
TEM ÍNTIMOS

MARCOS BRUNET

Vida

Editora Vida
Rua Conde de Sarzedas, 246 — Liberdade
CEP 01512-070 — São Paulo, SP
Tel.: 0 xx 11 2618 7000
atendimento@editoravida.com.br
www.editoravida.com.br
@editora_vida /editoravida

Editor responsável: Gisele Romão da Cruz
Preparação de texto: Sônia Freire Lula Almeida
Revisão de provas: Josemar de Souza Pinto
Diagramação: Claudia Fatel Lino
Capa: Arte Peniel

DEUS NÃO TEM FAVORITOS, TEM ÍNTIMOS
©2020, 2012 Marcos Brunet
Edição brasileira ©2022, Editora Vida

Todos os direitos desta edição em língua portuguesa são reservados e protegidos por Editora Vida pela Lei 9.610, de 19/02/1998.

É proibida a reprodução desta obra por quaisquer meios (físicos, eletrônicos ou digitais), salvo em breves citações, com indicação da fonte.

∎

Exceto em caso de indicação em contrário, todas as citações bíblicas foram extraídas de *Nova Versão Internacional* (NVI) © 1993, 2000, 2011 by International Bible Society, edição publicada por Editora Vida. Todos os direitos reservados.

Todas as citações bíblicas e de terceiros foram adaptadas segundo o Acordo Ortográfico da Língua Portuguesa, assinado em 1990, em vigor desde janeiro de 2009.

∎

As opiniões expressas nesta obra refletem o ponto de vista de seus autores e não são necessariamente equivalentes às da Editora Vida ou de sua equipe editorial.

Os nomes das pessoas citadas na obra foram alterados nos casos em que poderia surgir alguma situação embaraçosa.

Todos os grifos são do autor, exceto indicação em contrário.

1. edição: fev. 2020
1. reimp.: jan. 2023
2. reimp.: jan. 2024
3. reimp.: nov. 2024

Dados Internacionais de Catalogação na Publicação (CIP)
(Câmara Brasileira do Livro, SP, Brasil)

Brunet, Marcos
  Deus não tem favoritos, tem íntimos / Marcos Brunet. -- São Paulo : Editora Vida, 2020.

  ISBN 978-85-383-0391-6

  1. Adoração (Religião) 2. Crescimento espiritual 3. Deus - adoração e amor 4. Vida cristã I. Título.

19-26282   CDD-248.4

Índices para catálogo sistemático:
1. Intimidade com Deus: Espiritualidade: Cristianismo 248.4
Maria Paula C. Riyuzo - Bibliotecária - CRB-8/7639

Sumário

Prefácio 9

Introdução 13

1. Nova cultura de adoração 17

2. Restauração do que Deus sente saudades 37

3. Executivos do Reino 49

4. Do levítico ao profético 65

5. Buscando o sorriso de Deus 81

6. Visitação *versus* habitação 99

7. Seduzidos pelo céu 109

8. Saindo da Babilônia 121

9. Recompensa pública 137

10. Trabalho multigeracional 153

Prefácio

Desde que me conheço por filho de *Aba*, um versículo em sua Palavra sempre me inquietou, tanto pessoal quanto ministerialmente: Mateus 7.23. Esse texto diz: "Então eu lhes direi claramente: *Nunca* os *conheci*; *afastem-se* de mim, vocês que *praticam* o mal".

É importante dizer que esse trecho foi proferido por ninguém menos que o próprio Cristo, o *justo* Mestre que ensinava a respeito do *amor*. É importante também entender o contexto, pois o Mestre não falava simplesmente com ímpios, pecadores, homens incrédulos distantes de um relacionamento com Deus. Ele falava com pessoas que haviam inclusive demonstrado, em nome dele, certo nível de poder.

O versículo anterior, o 22, diz: "Muitos me dirão naquele dia: 'Senhor, Senhor, não *profetizamos* em *teu* nome? Em *teu* nome não *expulsamos* demônios e não *realizamos muitos* milagres?' ". Não menosprezando as autoridades e lideranças constituídas e capacitadas por Deus (ou pelo homem), foi com base nesse texto que entendi: ser usado não é sinônimo de ser aprovado. Eu levo essa declaração muito a sério, ou seja, ela é para mim também! Somente ele conhece e pode julgar o coração de todos, grandes e pequenos.

Procurei arduamente entender o significado desse texto, pois ele se aplicava à minha escolha de deixar tudo e servir somente a Jesus. Eu não queria chegar ao fim de minha carreira (conforme 2Timóteo 4.7) e ter de ouvir estas palavras: "Afasta-se de mim, David, pois não o conheço". Foi estudando a Palavra e ouvindo os mais sábios que um dia descobri que a palavra "conheci", usada no versículo 23, tinha muito mais a ver com "ser íntimo" dele do que meramente ser conhecido por ele — os dois conceitos são extremamente diferentes. "Nunca você teve *intimidade* comigo; afasta-se de mim". Não basta ter poder; você tem que ser íntimo da fonte.

Conheço o Marcos há muitos anos. Embora vivamos bem distantes um do outro, eu no Brasil e ele na Argentina, somos amigos há muito tempo. Fui padrinho em seu casamento; a minha filha caçula, Angel, foi porta-alianças do casal de pombinhos enamorados; ele foi meu intérprete por diversas vezes na Argentina — ocasionalmente, desfrutava mais da presença manifesta de Deus no local onde ministrávamos do que me interpretar, mas eu não me importava; sei até o time de futebol pelo qual torce — acredite, ele precisa de oração.

Contudo, desde o início de nossa amizade, percebi a fome que tomava o seu coração e a sede que havia em seu interior por mais de Deus. Eu o vi crescer, amadurecer, compor canções de intimidade com o Pai que eram nada mais, nada menos, do que a extensão de seu coração em forma de canção. Ele pegou a tocha e não correu simplesmente, mas disparou rumo às nações com a paixão que o movia.

Embora tenha visto e vivido tudo isso com ele, eu não diria que sou seu amigo íntimo, que o conheço bem a fundo; acredito que somente a Fernanda (esposa) o conheça nesse nível.

Prefácio

Mas eu entendo de intimidade, sou íntimo da minha esposa. Posso ler através do seu olhar. Quando a vejo, no final do dia, ela não tem de dizer nada para eu saber se o dia dela foi bom ou não, proveitoso ou ruim. O jeito com que ela me toca diz como bate o seu coração.

Tempo, risos, tempo, lágrimas, tempo, crescimento, tempo, amadurecimento. Tempo ouvindo. Tempo de qualidade. Tempo juntos. Tempo gera intimidade, e intimidade desperta uma doce dependência um do outro. Hoje, eu não saberia viver sem ela. (Aproveito a abertura para declarar meu amor: "Amor da minha vida, Belzinha, amo você".)

Aquele que deseja ser íntimo de *Aba* investe tempo de qualidade com aquele que é a essência de tudo que somos, e a cada encontro fica mais parecido com ele. Eu quero ser a "cara" do Pai, e você?

Aquele que é íntimo do Pai reconhece quando ele chega, então coloca toda a sua programação pessoal de lado, para que o Senhor tome o seu lugar, pois, quando o convidamos, ele vem (Apocalipse 22.17).

É por esse caminho, através das páginas deste livro, que o meu amigo Marcos deseja o conduzir, até que você chegue à porta que o introduzirá a um lugar de intimidade sem-par, no qual o Pai revelará os segredos do coração dele a você. O resto é consequência!

Ele não tem favoritos, ele tem íntimos.

DAVID QUINLAN
Líder do Ministério Fogo, Paixão e Glória

Introdução

Tenho um filho de 4 anos. Chama-se Samuel. Ele é a alegria da nossa casa. É a alegria de todos que o conhecem. Quando a minha esposa, Fernanda, e eu escolhemos esse nome para ele, foi como a representação de uma nova geração que Deus despertará nas nações.

O profeta Samuel, na Bíblia, foi usado em um tempo de transição muito forte para Israel. Foi o último dos juízes e profeta que preparou os primeiros reis do povo. Além disso, ao ajudar a unir as tribos de Israel, Samuel foi grandemente usado para consolidar o povo escolhido como reino.

Hoje, como igreja do século XXI, também estamos em uma etapa de transição, pois vivemos muitos avanços do Reino de Deus. Há transição em muitas áreas: na liderança, na mentalidade de Reino, na unidade da igreja, no poder de Deus nas ruas e em muitos outros aspectos. Este livro foca um fator essencial da igreja que está em transição durante séculos e que, acredito, necessita de resultados concretos de forma urgente: a cultura da adoração e da intimidade. Falamos de uma adoração que produz alegria no Pai e que propicia a manifestação de seu Reino de uma forma tal que é capaz de transformar todas as coisas.

A mudança nas nações deste mundo não depende de Deus. Se fosse assim, tudo já estaria em ordem. Em cada geração, ele tem a expectativa de encontrar em meio à multidão pessoas que estão dispostas a emprestar seus ouvidos para escutar seus segredos.

Quem estará disposto a deixar seus próprios desejos para viver focado nos planos eternos dos céus?

Quem despertará de seu sonho pessoal para correr, não ao homem, mas ao Amado que tem o controle de todas as coisas?

Deus fez isso com Samuel, quando Eli (pai de uma geração) já não tinha a visão clara, e seus filhos estavam perdidos, tocando nas coisas santas sem respeito. A esperança do céu foi uma criança que estava no lugar secreto, no momento indicado. Agora a responsabilidade não era somente de um, e, sim, de uma geração.

Eu aprendi que, quando oramos, buscamos a Deus, mas, quando adoramos, é ele quem nos busca. Deus busca os verdadeiros adoradores. Os céus fazem uma busca intensa e apaixonante, por isso o Espírito Santo está despertando um novo som por meio da igreja, cujo objetivo é encontrar os íntimos nas nações.

Deus não tem favoritos, tem íntimos é mais que um livro de adoração; trata-se de um manual para os que querem cumprir a perfeita vontade de Deus neste tempo de transição.

Adorador não é o que canta ou toca. É aquele que está perto de Deus. Adoração é uma resposta à presença do Pai; por isso, quanto mais intimidade, mais revelação. E o resultado será mais prazer para o Pai e mais comunicação entre o céu e a terra.

A adoração dos íntimos é irresistível aos ouvidos do nosso Amado. Quando ele escuta esse som de paixão, traz até nós a esfera de seu Reino para cumprir sua promessa: habitar entre nós!

Quando o meu Samuel for maior, espero que ele me faça perguntas como estas:

Introdução

Papai, é verdade que antes as pessoas pensavam que Deus tinha alguns favoritos e que não podiam ser íntimos?

É verdade que antes havia separação entre quem estava no "púlpito" e quem fazia parte do "público"?

É verdade que antes só havia milagres em campanhas ou cruzadas especiais?

É verdade que antes as pessoas dependiam de um líder de adoração para adorar e dependiam de um homem para escutar a Deus?

É verdade que antes a igreja adorava somente dentro de quatro paredes?

É verdade que antes os presidentes e governantes dirigiam sua gestão sem consultar a voz profética da igreja? Como o faziam?

É verdade que antes os íntimos não estavam espalhados por todos os ambientes da sociedade?

Espero que minha resposta seja: "Sim, é verdade, filho. Mas, graças a Deus, a transição passou e você cresceu na melhor época da igreja!".

Bem-vindo à geração que entende que a adoração prepara um lugar para o Pai, que ele vem para reinar e para desfrutar. Que ele vem ao encontro de pessoas simples e humildes que estejam dispostas a renunciar a tudo por amor; pessoas que desejam ser incluídas no seu círculo de amigos e querem provar a todos que Deus não tem favoritos, tem íntimos.

GINOSKO

Ao finalizar cada capítulo, haverá uma seção extra que denomino *GINOSKO*. É uma palavra grega que **expressa conhecimento por meio de experiências**. A intimidade com Deus não é questão de teoria teológica, mas, sim, de um conhecimento que nos leva a experimentá-lo em sua realidade.

O **conhecimento** estará vinculado a perguntas a respeito do que foi lido no capítulo para que haja uma reflexão mais profunda e para confirmar o aprendizado.

A **experiência** será a prática do conhecimento adquirido. A ideia é sempre aplicar a teoria para que se produzam mudanças concretas e resultados duradouros.

Conhecimento e experiência são uma combinação explosiva que traz maturidade a qualquer pessoa. Isolados, são perigosos, porque o conhecimento sem experiência faz você ter uma "cabeça grande" que sabe muito, mas não faz nada. E a experiência sem conhecimento nos torna muito "avoados", místicos e sem base sólida para contagiar outros.

Cada capítulo será uma porta de acesso a novos ambientes de intimidade com Deus. Portas de revelação, degraus para uma postura profética, conselhos para os íntimos, capítulos de treinamento para prestar a adoração que o Pai quer receber. Não fique apenas com a leitura; leia além das palavras e, quando for necessário deixar o livro para desfrutar do Amado, faça-o! Essa é a ideia.

Capítulo 1

Nova cultura de adoração

No mês de julho de 2002, tive uma experiência inesquecível. Foi durante um período de adoração. E eu estava ali praticamente por acidente. Eu tinha ido àquele congresso apenas para assistir à ministração de um cantor conhecido.

Hoje, acredito que Deus estava me buscando mais do que eu a ele. Durante um momento da música, tocada por um grupo que eu não conhecia, senti essa presença irresistível. Não preciso explicar muito. Creio que você já a sentiu alguma vez. Eu estava prostrado no chão, reconhecendo os pecados que havia em mim e que me distanciavam de Deus, quando de repente vi um par de olhos que me olhavam fixamente. Não os vi fisicamente. Foi uma impressão espiritual, mas muito real. Era Jesus.

Olhou-me, chamou-me pelo meu nome e me disse: "Tenho um sonho!". E essa frase começou a passear por todo o meu interior: "Tenho um sonho, tenho um sonho...".

Foi tão forte e tão impressionante que parecia que consumia todo o meu ser. Nesse momento, a minha religiosidade e o meu egoísmo foram confrontados. Porque, ainda que eu tenha nascido em uma família cristã, nunca havia conhecido

Jesus até aquele momento. Então, dei-me conta de que Jesus é uma pessoa, o Verbo de Deus, uma palavra em ação, palavra de vida eterna, palavra viva e eficaz. Dei-me conta de que, assim como apareceu aos discípulos após sua ressurreição, ele continua aparecendo para quem quer e quando quer.

    Eu participei de muitos eventos cristãos nos quais nos incentivam a sonhar alto porque Deus é grande, nos quais nos inspiram a desafiar os limites e a lutar para realizar os nossos sonhos. Mas nunca estive em um evento no qual nos pediram que nos sentássemos e planejássemos a melhor forma de desenvolver os sonhos de Deus. Quando Jesus me disse "Tenho um sonho", essa simples frase consumiu os meus sonhos pessoais, os meus ideais, os meus pensamentos e a minha vontade de fazer algo baseado no meu egoísmo. Então, apenas respondi: "Vou viver para realizar os teus sonhos". Jesus continuou falando e disse: "Quero tomar o meu lugar nas nações e vou fazê-lo por intermédio da minha igreja".

    Ao escutar isso, vieram à minha mente muitos versículos, tais como:

> Do Senhor é a terra e tudo
>   o que nela existe,
> o mundo e os que nele vivem (Salmos 24.1).

> Pois dele, por ele e para ele
>   são todas as coisas.
> A ele seja a glória
>   para sempre! Amém (Romanos 11.36).

    Por que Jesus quer tomar seu lugar em algo que é dele? Eu tentava entender. Lembrei-me de que ele tinha "dado" a terra, que ele mesmo criou, aos homens.

> Os mais altos céus
> pertencem ao Senhor,
> mas a terra, ele a confiou
> ao homem (Salmos 115.16).

Ele não é homem para mentir, nem filho do homem para se arrepender. O que ele disse e prometeu, ele fez e cumpriu. E ponto final. Desde o jardim do Éden, Deus estabeleceu um acordo com o ser humano: "Eu governo os céus e vocês governam a terra, como meus representantes". Este é o plano original de Deus para sua criação: intimidade e governo.

As palavras de ação que Deus deixou ao homem são ordens que têm um alto conteúdo de governo:

- Frutificar
- Multiplicar
- Encher a terra
- Subjugar
- Governar

E tudo isso se faz por meio da intimidade com Deus e das relações interpessoais.

No entanto, quando o ser humano, por causa do pecado, diminuiu a intimidade com Deus, ele seguiu com o instinto de governar. No entanto, à sua maneira e a cada geração, foi retirando Deus da cena da história da humanidade.

As cidades e as culturas foram se desenvolvendo e se constituindo com base na adoração, não necessariamente a Deus, mas àquilo que o ser humano reconhecia como ser ou entidade superior.

Os homens primitivos, por exemplo, adoravam o Sol ou a Lua porque estavam sobre eles e dependiam do clima para viver bem. Com base nessa adoração, estabeleciam os hábitos e costumes de suas comunidades. A adoração sempre foi o centro de uma comunidade, ou unidade em comum.

Jesus veio ao mundo para buscar e salvar o perdido. Mais que almas, ele veio resgatar a esfera que se havia perdido no Éden: intimidade e governo. Antes, o nosso planeta estava debaixo do domínio do Inimigo, porque o homem o entregou de bandeja ao pecado. Mas, quando o segundo Adão veio a este mundo, viveu sem corrupção, morreu como um cordeiro, perdoando os pecados e reconciliando a humanidade com a intimidade de Deus. E mais: ressuscitou como um leão e restaurou seu governo neste mundo.

Jesus disse:

> "Foi-me dada toda a autoridade nos céus e na terra. Portanto, vão e façam discípulos de todas as nações [...]" (Mateus 28.18,19).

Em outras palavras: "Agora, tudo me pertence; tão somente povoem a terra com a cultura do céu e restaurem todas as coisas, como no princípio".

A palavra "cultura" tem duas raízes etimológicas: cultivo e culto. Toda sociedade tem sua cultura própria, de acordo com o que "cultiva" de hábitos e costumes, e segundo o "culto" que faz. Isso é o que determina sua cultura.

> ADORAÇÃO = PRODUZ UM OBJETO DE CULTO = DESENVOLVE UMA CULTURA = ESTABELECE UM GOVERNO

Na Bíblia, temos o grande exemplo do processo de formação da nação de Israel (representantes de Deus aqui). No livro de

Êxodo, vemos a libertação do povo de Israel do Egito. Foram vários passos para deixar a escravidão até adquirir a postura de uma nação livre. Deus os tirou com mão poderosa, com sinais e prodígios e, ao saírem, Deus lhes ordenou iniciar um novo calendário, para que não se guiassem pelos costumes do Egito. Em mais de cinco versículos (Êxodo 7.16; 8.1; 8.20; 9.1; 9.13), Deus falou ao faraó por meio de Moisés, revelando o propósito da salvação de Israel:

> "DEIXE O MEU POVO IR PARA QUE ME PRESTE CULTO".

O sonho de Deus foi salvá-los não para criar uma religião, mas para que lhe prestassem adoração. Formar novos hábitos e costumes segundo os princípios do céu, gerando, assim, uma cultura própria, que perdura até os dias de hoje. Nesse processo, vemos uma sequência de transformação que Deus quer fazer hoje em todas as nações por meio de sua igreja.

Quando somos salvos do sistema do mundo, mudamos a nossa forma de cultuar (adorar) e nos moldamos a uma nova cultura de acordo com seu Reino.

> MUDANÇA DE CULTO = FORMA CULTURA = AFETA O DESTINO

Como igreja, necessitamos entender que fomos postos por Deus no meio das nações da terra não para moldar-nos aos costumes locais, e sim para viver a cultura do Reino de Deus e contagiar o mundo com justiça, paz e alegria no Espírito (Romanos 14.17), trazendo o Reino dos céus a este mundo, como nos ensinou Jesus: "[...] assim na terra como no céu" (Mateus 6.12).

A proposta deste livro é renovar o entendimento no que diz respeito à adoração que Deus deseja. Pois o nosso culto a ele só será eficaz se for da forma que ele deseja. E, assim, viveremos de acordo com a cultura de seu Reino e estabeleceremos sua vontade onde vivemos. A ideia central é dedicar a nossa vida à realização de seu sonho: Jesus tomará seu lugar de volta.

EMBAIXADA DO CÉU

Eu sou brasileiro, mas vivo na Argentina desde 2002. Portanto, sei o que é mudança de cultura. Aprendi que, quando passamos pela cruz, morremos não apenas para uma vida de pecado, mas para todos os hábitos e costumes adquiridos no lugar onde crescemos. Então, já não sou brasileiro, nem argentino. Sou cidadão do Reino dos céus!

Uma vez fui à Embaixada do Brasil na Argentina. Lá, os funcionários me receberam falando português, disseram que eu poderia fazer os trâmites que quisesse e que eu tinha imunidade política. O que afeta a Argentina não tem efeito lá, porque a embaixada é um pedaço do Brasil na Argentina.

Então, escutei uma voz no meu interior dizendo: "Este é o modelo que quero para a minha igreja!".

Como igreja, estamos aqui como a "embaixada do Reino dos céus". Cada congregação onde nos reunimos para adorar tem que ser um pedacinho do céu na terra; quem se aproxima, tem que ser afetado e transformado! Um lugar onde nos reunimos em nome de Jesus porque temos o mesmo idioma: a fé. Onde as leis que governam as nações não necessariamente nos governam. Onde temos imunidade diplomática, proteção e segurança divina, ainda que o mundo se precipite; cairão mil ao nosso lado e 10 mil do outro, mas nós estaremos a salvo.

O sonho de Deus é mudar a cultura; não que nos adaptemos a ela.

CULTURA DE ADORAÇÃO

Desde que vivo na Argentina, dei-me conta de que se trata de uma nação adoradora. O argentino é muito crente, mas infelizmente crê em tudo, não apenas no que é correto. Como disse anteriormente, de acordo com o "culto" de um povo, assim também sua cultura. A ideia de culto vai além do religioso; significa tudo aquilo a que se dedica tempo e honra. Isso é culto. Como, por exemplo, o fisiculturista pode dedicar tempo e honra ao próprio corpo.

Há muitas expressões de culto na Argentina, mas uma das mais fortes e conhecidas no mundo inteiro é o futebol (assim como no Brasil). Cada torcedor é um adorador; alguns chegam a dizer: "O meu clube é a minha religião". E desse modo vive!

Vão ao estádio e pagam a entrada (*oferta*). Alguns são sócios do clube e pagam uma cota mensal (*dízimo*). Se o time está ganhando, há "celebração"; se está perdendo, fazem "guerra espiritual". Há de tudo!

O ser humano foi criado para adorar; e essa paixão nacional necessita ser redirecionada para o Criador de todas as coisas. Não digo que o futebol é algo ruim (afinal, eu também gosto de futebol), mas, quando ele é o foco de todas as forças e intenções de um povo, então as dimensões são outras.

Quando os íntimos se multiplicarem como uma "onda expansiva", veremos adoração ao nosso amado Rei em lugares públicos, em dias-chave para a nação; os estádios se encherão não para adorar homens ou coisas passageiras, mas com expressões de paixão a quem realmente merece brilhar: Jesus. Se a adoração é redirecionada a Jesus, o objetivo do culto muda, e são desenvolvidos novos hábitos e costumes para agradar à pessoa adorada. Isto afeta a cultura, estabelecendo um novo âmbito de governo.

Outro caso são os ídolos nacionais criados pelos próprios argentinos, como, o "Gauchito Gil", personagem lendária de devoção popular na cultura argentina. Para mim, é magnífico pensar que quem adora a Cristo é cristão, quem adora a Buda é budista, mas quem adora Gauchito Gil... o que é?

Inclusive, há milhões de seguidores de São Morte (santo não reconhecida pela Igreja católica, cultuada no sul do Brasil e no nordeste da Argentina [San La Muerte]). Isso é inaceitável.

As estradas da Argentina estão cheias de altares de adoração ao Gauchito Gil, à Defunta Correa e outros "santos que têm olhos, mas não veem, têm boca, mas não falam". Seus adoradores se transformam naquilo que adoram (cf. Salmos 115.8), gerando cegueira espiritual e um coração de pedra para a verdade do evangelho de Jesus Cristo.

Não sei onde você vive, mas, com certeza, deve haver elementos na sua cultura que não estão alinhados com o Reino de Deus.

Mas, se, como igreja, passamos por uma adoração de dentro para fora, pode haver uma verdadeira revolução no lugar onde Deus nos colocou. Se cultivarmos novos hábitos e costumes, segundo os princípios do Reino de Deus, e dermos direção correta ao nosso culto, poderemos ver uma cultura transformada.

O sonho de Deus não é ver templos cheios, e sim cidades e nações inteiras transformadas. Não podemos colocar uma nação dentro de um templo, mas podemos inserir a igreja dentro de uma nação.

O sonho de Deus é que deixem de existir os muitos altares de adoração dos nossos dias: carnaval, boates cheias de drogas e prostituição, bem como toda manifestação na qual imperam os valores das trevas.

ADORAÇÃO QUE AFETA A CULTURA

Em relação a isso, quero expor alguns pontos-chave de cultivo (novos hábitos e costumes) e culto (vida de adoração).

Assim como é necessário preparar a terra (tirar ervas daninhas e pedras do lugar que receberá as sementes) para plantar algo novo, também precisamos rever hábitos e costumes com o objetivo de poder executar a perfeita vontade de Deus em todos os lugares públicos.

CULTIVO (NOVOS HÁBITOS)

1. **Extrair a hipocrisia e semear a autenticidade**

A palavra "hipócrita" vem de uma palavra no grego que significa "ator". Trata-se dos que representavam uma personagem com uma máscara de ferro ou madeira. Assim são muitos os cristãos de hoje: por fora uma coisa; por dentro, outra bem diferente.

Deus está buscando verdadeiros adoradores. Temos que morrer para a ideia de "representar". Hoje em dia, muitas pessoas só querem aparecer na capa de um EP, ou nos *posts* de divulgação dos congressos, ou querem dar autógrafos. Poucos estão dispostos a ser desconhecidos aqui para serem famosos no céu e temidos no inferno. Como você é conhecido no mundo espiritual?

Necessitamos ser íntimos de Deus. Íntimos de tal forma que, ao nos aproximarmos de sua esfera, os anjos nos reconheçam e digam: "Aí está o filho queridinho do chefe"; por outro lado, sejamos uma ameaça para o Inimigo, que tenha uma foto nossa no inferno com a inscrição: "Procura-se! Este é perigoso!".

Quando cruzamos a linha da rotina religiosa e entramos em novas dimensões de intimidade e aproximação com Jesus, as coisas deste mundo já não nos impressionam como antes. Acredite: os valores mudam. O que não se vê é mais importante do que o que se vê (cf. 2Coríntios 4.18). Incentivo você a escrever a sua história de intimidade com Deus, e o Deus que o vê em secreto, ou seja, quando ninguém mais está vendo, o recompensará em público.

Chega de amor à aparência, chega de buscar *status* e desejar aparentar algo que não é. Devemos extirpar do nosso meio a síndrome de Lúcifer: além de orgulho, Lúcifer significa "anjo de luz".

Aqueles que se deslumbram com os holofotes e gostam dos palcos podem estar dominados por essa síndrome.

E todos nós, que com a face descoberta contemplamos a glória do Senhor, segundo a sua imagem estamos sendo transformados com glória cada vez maior, a qual vem do Senhor, que é o Espírito. (2Coríntios 3.18)

2. Arrancar a pirataria e semear a originalidade

É muito mais fácil copiar do que comprar o original. Rogo a Deus que desperte pessoas que não se conformem somente em traduzir canções do exterior ou reproduzir coisas que já tenham "êxito" em outro lado. Rogo a Deus que desperte pessoas dispostas a pagar o preço de subir ao cume do monte, face a face com Deus, e baixar o som dos céus, escrever letras originais para este tempo, estratégias específicas para cada lugar e ministérios nascidos de Deus. E tudo o que é nascido de Deus vencerá o mundo (cf. 1João 5.4).

A Bíblia conta a história de Bezalel (Êxodo 31.1-11; 35.30-35), que era o homem responsável por transmitir ao mundo todo o projeto que Deus dera a Moisés no monte. Moisés viu o Tabernáculo em uma esfera espiritual, mas não sabia como executá-lo no plano natural. Por isso, Deus ungiu Bezalel, que significa "o que vive à sombra de Deus", para transmitir os projetos celestiais ao mundo.

Estou convencido de que Deus despertará nesta geração muitas pessoas como Bezalel. Pessoas que viverão à sombra de Deus, no abrigo do Altíssimo, capacitadas em artes para "traduzir" e formatar no natural tudo o que percebam do mundo espiritual.

Deus deu instruções a Moisés para que ele fizesse tudo segundo o desenho original do céu. Falando do tabernáculo terreno, disse:

> Eles servem num santuário que é cópia e sombra daquele que está nos céus, já que Moisés foi avisado quando estava para construir o tabernáculo: "Tenha o cuidado de fazer tudo segundo o modelo que lhe foi mostrado no monte" (Hebreus 8.5).

De tudo o que Deus faz na terra, o modelo original está no céu, que é sua esfera de governo.

Chega de nos distrairmos com besteiras e paixões terrenas. É tempo de estar escondidos em Cristo, mortos para o pecado, ressuscitados em sua glória. É tempo de buscar as coisas do alto (cf. Colossenses 3.1-5) para que estas sejam copiadas pelo mundo; não o contrário.

Isso é influenciar uma cultura.

3. Arrancar a mistura e semear a santidade

Tudo o que oferecemos a Deus em adoração é uma oferta. Muitas vezes, pensamos que Deus recebe qualquer coisa. Ele é bom, mas também é fogo consumidor. Com ele ninguém brinca. Quando há coisas impuras e hábitos ocultos nos que "ministram", não adianta perguntar: "Por que não acontecem coisas sobrenaturais quando adoro?". No pior dos casos, Deus, por sua misericórdia, usa alguém, apesar de seu mau caráter; e esse alguém crê que está bem porque foi "usado". Mas há uma diferença enorme entre ser usado e ser aprovado (cf. Mateus 7.21-23).

Devemos buscar agradar a Deus cada dia. E, quando ele olhar para nós, poderemos, então, desfrutar de seu sorriso e de seu olhar de aprovação! Sobre isso falaremos detalhadamente adiante, em outro capítulo.

Agora, porém, é essencial entender que não teremos intimidade com as "coisas do alto" se estivermos sujos e cheirando mal. Como todo pai, Deus nos ama como somos, mas, antes de entrarmos em sua casa, temos que estar limpos:

"Bem-aventurados os puros de coração,
pois verão a Deus" (Mateus 5.8).

Amados, visto que temos essas promessas, purifiquemo-nos de tudo o que contamina o corpo e o espírito, aperfeiçoando a santidade no temor de Deus (2Coríntios 7.1).

A pureza não está relacionada a uma lista de coisas proibidas, mas, sim, a algo em que não há nenhum tipo de mistura. Devemos limpar-nos de toda contaminação (mistura) carnal e espiritual.

Que o próprio Deus da paz os santifique inteiramente. Que todo o espírito, a alma e o corpo de vocês sejam preservados irrepreensíveis na vinda de nosso Senhor Jesus Cristo. (1Tessalonicenses 5.23)

4. Arrancar a religiosidade e semear a paixão

O ser humano é um "animal de costumes". Muitas vezes, repetimos tradições humanas e costumes religiosos porque fazem parte de uma rotina não porque Deus nos tenha dito algo a respeito. Muitos cristãos dizem: "Aqui fazemos assim, sempre o fizemos assim e sempre o faremos; logo, nada de mudanças". "O nosso programa está formado por três canções rápidas, duas lentas, os anúncios, a oferta, a Palavra e para casa". Está bem, mas temos que ser flexíveis ao que Deus quer em cada reunião.

Isto é o que Deus diz em Isaías 29.13:

> [...] "Esse povo se aproxima de mim com a boca e me honra com os lábios, mas o seu coração está longe de mim. A adoração que me prestam é feita só de regras ensinadas por homens".

Por isso, clamo todos os dias: "Atrai meu coração, porque morro de amor por ti, Jesus".

A vida de adoração é uma aventura, e cada dia há algo novo. Por isso, devemos desenvolver a espontaneidade e corresponder a um pedido de Deus que aparece em mais de 200 versículos: "Cantem a mim um cântico novo!".

O cântico novo, mais que uma canção, fala de uma vida que deixa fluir a cada instante as coisas novas e genuínas de Deus.

> Pôs um novo cântico na minha boca, um hino de louvor ao nosso Deus. Muitos verão isso e temerão e confiarão no SENHOR. (Salmos 40.3)

Muitos *verão* isso! Uma canção é ouvida. Mas uma vida apaixonada, livre e espontânea pode ser *vista*. Ela contagia os que estão perto, e estes passam a confiar em Deus.

O machismo é algo muito forte na cultura da América Latina (e creio que em muitas outras culturas também), por isso um dos pensamentos dominantes decreta: "Homem não chora, nem se emociona, nem é romântico". Um verdadeiro mito!

Quando passamos pela cruz, nos voltamos à imagem e à semelhança como o Pai. E Deus não tem amor — ele é amor! O amor é dar, e Deus demonstrou ser romântico quando deu seu único Filho para que todos os crerem nele não se percam, mas tenham a vida eterna.

Quando os homens se tornam duros e insensíveis, as mulheres, por sua vez, se retraem e escondem toda a espontaneidade que têm dentro delas. Trata-se de um reflexo automático do que recebem.

Isto se reflete na nossa adoração: pessoas que dizem sempre as mesmas palavras, ou palavras pré-selecionadas, são como robôs. Apenas repetem o que diz uma letra ou o que diz o dirigente de louvor. Precisamos deixar de ser meras estátuas na presença do nosso apaixonante e irresistível Amado! Temos que responder à sua presença de forma espontânea e original.

Precisamos aprender com o livro de Cântico dos Cânticos:

A Amada
Leve-me com você!
    Vamos depressa!
Leve-me o rei para os seus
    aposentos!

Amigas (Mulheres de Jerusalém)
Estamos alegres e felizes por
    sua causa;
celebraremos o seu amor
    mais do que o vinho.

A Amada
Com toda a razão você
é amado! (Cânticos 1.4).

Não são textos só para os apaixonados que querem enviar um "elogio" cristão a seu(sua) amado(a). Trata-se de um livro altamente profético, que, por meio do relacionamento entre Salomão e Sulamita, representa o amor entre Cristo e a Igreja. Cristo como noivo, e a Igreja como noiva. O som que atrai Cristo de volta a este mundo está em Apocalipse 22.17: "O Espírito e a noiva dizem: 'Vem!' [...]".

Aqui vemos o gemido do Espírito Santo unido ao clamor de uma noiva apaixonada. Temos que desenvolver o romantismo e a espontaneidade com o Senhor, o Amado. É preciso deixar de ser robotizado e ser mais romântico!

CULTO

A sociedade muda à medida que os homens mudam. Se todos os homens, por exemplo, se tornarem pessoas honestas, logo a sociedade será honesta. Simples assim. Agora, imagine se os homens se reunirem como igreja em algum lugar. Será mais do que uma mudança de comportamento; será uma "explosão", haverá uma profunda manifestação do céu na terra.

Quero compartilhar algumas dicas de como dar o que Deus quer receber em público.

1. Deus não tem favoritos, mas íntimos

A igreja ainda carrega uma antiga bagagem religiosa, fruto de um conceito errado de diferenças e *status*, por exemplo, a ideia de clérigos e leigos. Segundo a Palavra de Deus, somos um reino de sacerdotes pelo sangue do Cordeiro. Sacerdote não é o que está no púlpito e tem título de algum instituto bíblico. Segundo Deus, sacerdote é aquele que tem a marca do sangue do Cordeiro e, com isso, livre acesso ao trono para adorar e interceder.

O meu sonho é ver uma geração se aproximando do Pai com confiança e que termine o tempo de "líderes evangélicos" que se creem especiais. Chega de depender de homens para estar perto de Deus! Lembre-se sempre de que o único intermediário entre Deus e os homens é Jesus Cristo (cf. 1Timóteo 2.5).

É lógico que necessitamos dos ministérios para sermos pastoreados, ensinados e discipulados, mas não dependemos deles para ter contato com Deus.

Entender e viver isso trará maturidade à igreja, e muitos frutos em público, pois o poder não está centralizado em poucos superungidos. O poder é derramado entre as pessoas. Nos próximos anos, não necessitaremos de uma cruzada ou campanha especial para ver milagres e maravilhas; cada cristão íntimo de Deus poderá ver os sinais que acompanharão os que creem. Por onde forem os cristãos, serão o perfume de Cristo, seguirão transformando ambientes e manifestando o Reino de Deus entre os homens.

Jesus sempre esteve rodeado de muitos tipos de pessoas. Contudo, nem todos os que estavam perto eram íntimos dele.

- **Multidão:** Sempre que Jesus falava em público, era rodeado por uma multidão. As pessoas estavam próximas, mas não estavam interessadas em sua pessoa. Elas queriam o que Jesus podia dar. Estavam lá "pelos pães e pelos peixes"; depois que se alimentavam e saciavam sua necessidade, iam embora. E a maioria seguia sua vida normal.

- **Religiosos:** Sempre que Jesus ensinava ou fazia um milagre, havia um fariseu por perto. Estavam perto para encontrar nele um erro e buscar como acusá-lo. Hoje, há os fariseus modernos, que estão sempre nas reuniões analisando tudo que veem e escutam. Creem que sabem de tudo, mas não sabem fazer nada além de criticar. Vivem escondidos atrás de máscaras de piedade e sabedoria, mas estão sendo descobertos.
- **Seguidores:** Jesus tinha muitos seguidores. Alguns se transformaram finalmente em discípulos. Eram reconhecidos no meio da multidão porque tinham o poder e a autoridade delegada por Jesus. Podiam pregar, curar enfermos, expulsar demônios e profetizar. Mas alguns ficavam felizes somente pelo fato de serem usados e não iam além.
- **O íntimo:** No meio de todos esses tipos de pessoas, a Bíblia diz que havia um discípulo amado, um que era íntimo de Jesus: João, o mais novo de todos.

Pergunto: Jesus discriminava as pessoas? Havia uma multidão, vários fariseus, muitos seguidores, mas somente um era íntimo a ponto de poder recostar em seu peito, escutar as batidas de seu coração e saber os segredos das coisas que estavam por acontecer.

Jesus não discriminou, não discrimina e nunca discriminará ninguém: "Pois Deus não age com favoritismo" (Romanos 2.11, *Nova Versão Transformadora*).

Não era Jesus que preferia João; era João que preferia Jesus. Ele renunciou à vida, aos prazeres da juventude e a todos os sonhos pessoais para viver em dependência do Mestre que o chamara. João não se conformou somente em ser salvo, chamado e usado por ele. João quis ser amigo íntimo.

E até hoje ainda é possível ter esse tipo de relação com Jesus. Basta querer!

"Aproximem-se de Deus, e ele se aproximará de vocês! [...]" (Tiago 4.8).

Deus é soberano e ele atrai a quem quer. Não somos nós os que o aceitamos, mas é ele que nos aceita (cf. Efésios 1.4).

Somente pelo fato de estar lendo algo a respeito de Deus, você também já foi atraído e certamente chamado para ser íntimo. Mas muitos são chamados e poucos, escolhidos. O caminho entre a vocação e a eleição é o processo de determinação pessoal. Afinal, quem você quer ser perto de Jesus?

Um a mais no meio da multidão? Um religioso que sabe o que deve fazer, mas não faz nada? Um seguidor que tem o poder de Deus, mas não tem a amizade dele? Ou uma pessoa íntima que vive para o Amado?

A sua resposta vai determinar como será a sua relação com Deus.

2. Prazer de um, satisfação de todos

O verdadeiro objetivo do culto não é que você se sinta bem. É que você receba "bênçãos". A ideia é que nos juntemos para cultuar a Deus; que o nosso Amado se sinta confortável, como se estivesse em casa, e que tenha vontade de ficar conosco.

Se deixarmos de ser espectadores nas reuniões e nos tornarmos anfitriões de sua presença, Deus virá, tomará o lugar que lhe corresponde e trará tudo o que há no céu. Quando Deus se manifesta, a depressão foge, a enfermidade torna-se ilegal e os demônios se sujeitam, simplesmente por causa de sua presença.

E não é necessário que ninguém diga nada. Necessitamos da presença dele mais do que qualquer boa palavra ou talento humano. É tempo de deixar fluir um novo som de amor, inspirado pelo Espírito Santo, para dar o que o Amado quer receber. Que venham o Rei e seu Reino para mudar a terra e a cultura.

Está se aproximando uma temporada profética, tempo em que vamos nos reunir sabendo que é melhor dar do que receber. Correremos para o trono da graça, não com uma lista de pedidos egoístas, mas com o desejo de oferecer prazer ao coração do Pai. Certa vez, escutei uma frase que me pareceu muito coerente: "A abundância não se mede pelo que tenho, mas pelo que dou".

O prazer do Criador é a satisfação de toda a criação. Vivamos para lhe dar prazer!

Nos próximos capítulos, veremos vários conceitos de novas culturas que transformarão o momento de celebração e culto e afetarão a cultura estabelecida onde vivemos.

GINOSKO

Conhecimento

1. Defina com as suas palavras como é a sua cultura de adoração. Quais são hoje os seus hábitos e costumes?

2. Segundo o que você leu neste capítulo, enumere o que você tem que mudar na sua cultura.

3. Qual é a diferença entre estar próximo de Jesus e ser íntimo dele?

Experiência

- Separe um tempo para ter intimidade com Jesus e deixar que ele ensine a você a cultura do Reino dos céus.

Capítulo 2

Restauração do que Deus sente saudades

Estamos vivendo tempos tão extraordinários que muitos dos heróis da fé sonhariam ter os recursos que temos hoje. Pense nisto: a igreja primitiva se estendeu por toda a Ásia com a demonstração do Espírito e poder, sem celular, nem internet, nem o auxílio de meios de comunicação, como o rádio e a televisão. É incrível!

Era o amor em ação que vencia os limites e derrubava as fronteiras. Hoje, temos muito mais possibilidades de encher toda a terra com o conhecimento da glória de Deus, mas parece que estamos distraídos do propósito de Deus.

A ideia deste livro é provocar em você a melhor forma de compreender o tempo que estamos vivendo e o que Deus está dizendo sobre este tempo. Esse é um passo importante para que você torne a sua adoração mais eficiente e ajude a promover o avanço do Reino de Deus entre as nações.

Davi é o primeiro nome que vem à mente quando pensamos numa referência de adorador. Ele serviu à geração dele há mais de três mil anos e fez coisas das quais Deus tem saudades até hoje.

Se ressaltamos essa personagem, é porque Davi não marcou somente a história da humanidade, mas a história da eternidade.

Quando Jesus surgiu em Israel, muitos o chamavam Filho de Davi. No céu, onde a dimensão do tempo não existe e tudo é possível, o Jesus ressurreto é reconhecido como o Leão da Tribo de Judá e a Raiz de Davi (Apocalipse 5.5).

Quando o Espírito Santo foi derramado sobre toda a carne, foi uma explosão para muitos e confusão para outros. Os próprios judeus se perguntavam: "Agora os gentios também são o povo de Deus?".

Até hoje, a maioria não pode entender a graça de Deus. Foi por esse motivo que se armou um conselho de Jerusalém para discutir tal questão. No meio da discussão, levantou-se Tiago e disse:

" 'Depois disso voltarei e reconstruirei
    a tenda caída de Davi.
Reedificarei as suas ruínas,
    e a restaurarei,
para que o restante dos homens
    busque o Senhor, e todos os gentios
sobre os quais tem sido invocado
    o meu nome, diz o Senhor,
que faz estas coisas' " (Atos 15.14-17).

Nesse texto, vemos a intenção de Deus em restaurar algo que ele mesmo tomou como um projeto a ser repetido. O tabernáculo de Davi restaurado representa o projeto original de Deus para sua igreja. Não se trata de um modelo de adoração ou de um estilo musical, mas de uma referência de como Deus quer que funcione sua Igreja. Há aqui um objetivo claro: que o restante dos homens busque o Senhor; que o restante da América Latina busque o Senhor; que o restante da sua nação, da sua cidade e da sua família busque o Senhor!

Restauração do que Deus sente saudades

É provável que você se emocione ao ler isso, pois a restauração já começou. Ainda que estejamos atrasados três mil anos, somos parte de uma geração que remirá o tempo e seguirá o projeto original para consumar o propósito de Deus neste mundo.

Quando digo que estamos atrasados três mil anos, refiro-me ao momento em que Davi captou a ideia de Deus pela primeira vez: preparar um lugar para Deus na terra de Israel.

Tabernáculo significa "lugar de encontro".

Davi significa "amado por Deus".

Portanto, Deus sente saudades de um lugar de encontro do qual ele goste.

Como todos sabemos, Davi era um pastor de ovelhas, e Deus o escolheu para ser rei de seu povo. Contudo, Davi tinha uma característica inconfundível: ele era íntimo de Deus. Não porque Deus o escolheu como favorito, mas porque Davi preferiu estar com Deus a estar em qualquer outro lugar ou com qualquer outra pessoa.

O profeta Samuel foi à casa de Jessé e ungiu Davi para ser o novo rei de Israel, apesar de o jovem Davi apenas ter conhecimento de como cuidar de ovelhas, não de uma nação. Creio que nesse momento a dependência de Davi aumentou com relação aos propósitos de Deus. Imagino suas conversas em intimidade com Deus: "Bem, Deus, o Senhor me pôs numa confusão! Eu não sei governar uma nação, não sei liderar pessoas, sou o mais novo da minha casa, sou rejeitado por todos e não tenho experiência. Portanto, é melhor que o senhor reine comigo!".

O desafio de Davi era fazer que Deus viesse para reinar com ele. Esses desejos chamaram a atenção de Deus!

Mais adiante, falaremos do processo para cumprir um propósito. Agora, porém, quero ir diretamente à essência daquilo de que Deus sente saudades hoje.

MENTALIDADE DE REIS E SACERDOTES

Davi foi ungido para ser rei. Ele era da tribo de Judá, o que queria dizer que ele não podia ser sacerdote porque somente os da tribo de Levi podiam estar perto da arca, que representava a presença de Deus. Mas Davi era tão apaixonado pela presença do Pai, que dizia:

"Sei que me ungiste para ser rei, e sei que não posso estar em contato permanente com tua presença, mas

'Uma coisa pedi ao Senhor e a procuro:
que eu possa viver na casa do Senhor
todos os dias da minha vida,
para contemplar a bondade do Senhor
e buscar sua orientação no seu templo' " (Salmos 27.4).

Esse tipo de petição move o coração de Deus até hoje!

Deus gosta tanto desse tipo de pessoa que sente saudades e deseja até hoje que sua igreja seja assim, um povo de reis e sacerdotes. Pessoas que, na autoridade de seu nome, governem sobre todas as circunstâncias que as rodeiam, que dominem e não sejam dominadas pelo sistema deste mundo. Mas que, também como sacerdotes, tenham livre acesso à presença de Deus para adorar e interceder, sem intermediários.

O rei não é o que está de pernas para o ar, tomando suquinho de laranja todos os dias e que tem tudo o que deseja. Rei é aquele que sabe governar seu território, atuando com justiça e equidade dadas por Deus.

O sacerdote não é o que ocupa o palco, que se veste com ternos bem alinhados e tem um importante título de um reconhecido instituto bíblico. Sacerdote é todo aquele que foi lavado pelo sangue do Cordeiro e tem livre acesso à presença de Deus para adorar e interceder.

Desse modo, segundo o tabernáculo restaurado de Davi, a equipe de intercessão da igreja não é um grupo de idosas que ora toda sexta-feira de manhã, mas a congregação inteira. A equipe de adoração da igreja não é formada apenas por músicos, mas por todos os que foram lavados pelo sangue do Cordeiro.

BAIXANDO OS PROJETOS DO CÉU

A intenção de Davi era trazer o Reino de Deus para este mundo. Ele pensava: "Assim como Deus reina nos céus, tem que haver algum projeto que Israel possa imitar para que ele reine aqui também". Mil anos antes de Jesus, Davi entendeu o Pai-nosso: " 'Venha o teu Reino; seja feita a tua vontade, assim na terra como no céu' ".

Nossa geração deve ter esta mensagem incorporada: É possível fazer a vontade do Pai na terra como é feita no céu!

Imagino que Davi teve muitos encontros íntimos com Deus: êxtases, arrebatamentos e profundas revelações. Vemos isso pelo nível dos textos que escrevia, inclusive salmos messiânicos que antecipavam a manifestação e o governo de Cristo. Creio firmemente que, em algum momento, Davi viu a adoração celestial, assim como aconteceu com João, naquela ocasião descrita em Apocalipse 4. Um trono estabelecido no meio, quatro seres viventes ao redor, 24 tronos com 24 anciãos sentados ao redor do trono de Deus, miríades de anjos adorando dia e noite.

Davi deve ter pensado: "Se Deus reina no céu com esse domínio e se posso transpô-lo na terra de Israel, então Deus pode reinar comigo".

Uma vez mais, isso chamou a atenção de Deus e moveu seu coração. Vou relacionar algumas mudanças que Davi estabeleceu em Israel que agradaram a Deus, as quais Deus tomou como modelo para sua Igreja hoje.

RESTAURAÇÃO DA SIMPLICIDADE

Primeiramente, ele buscou a arca da aliança, da qual ninguém havia feito caso desde os dias de Saul. Davi marcou um parâmetro de busca para a presença manifesta de Deus e definiu um padrão do qual Deus sente falta até os dias de hoje. Ao levar a arca, supostamente teria que colocá-la no monte de Gibeão onde estava o tabernáculo de Moisés. Mas Davi não queria deixar a arca protegida por uma cortina, por meio da qual apenas uma pessoa podia entrar e ter acesso a ela uma vez por ano.

Deus quer restaurar o tabernáculo de Davi, não o de Moisés, nem o de Salomão. O de Moisés, porque representa a ordem e as estruturas, e, ainda que tenham sido dadas por Deus, baseiam-se mais nos ritos que na essência. Além disso, os filisteus roubaram a arca da aliança, porque sabiam que nela estava a força de Israel: ter o Senhor dos Exércitos a seu lado.

Os ritos continuavam sendo realizados no Tabernáculo, da seguinte maneira: primeiro, limpavam as mãos no lavatório de entrada antes de oferecer o sacrifício. Em seguida, continuavam mudando os utensílios do Lugar Santo: o candelabro, a mesa dos pães e os demais símbolos. Faltava apenas uma coisa: o Lugar Santíssimo estava vazio. E, ainda assim, a estrutura dos sacrifícios seguia normalmente.

Qualquer semelhança com os dias de hoje é pura casualidade. Seguimos uma "ordem de culto", temos uma estrutura mundialmente conhecida e parecida em todos os lugares. No entanto, muitas vezes é como se faltasse algo... ou alguém.

O principal em um culto não é a palavra, tampouco as canções ou a ordem que tenham. O principal é a presença manifesta de Deus. Separados dele, nada podemos fazer. E, para que ele esteja entre nós, devemos preparar o lugar, dar o que ele quer receber, não o que parece bom aos nossos olhos.

Davi mudou toda a complexidade da estrutura do tabernáculo de Moisés. Tornou-a simples, com apenas um elemento: a arca da aliança (presença de Deus).

Ele colocou a arca no monte Sião, em um lugar visível e acessível a toda a nação. Em resumo, tirou a presença de Deus ofuscada por uma cortina e a tornou visível a todos, porque mil anos antes da graça entendeu que Deus era para todos. O Todo-poderoso se agradou tanto com isso, que fez desse tabernáculo o modelo de sua Igreja.

Nesta geração, necessitamos resgatar a simplicidade!

O templo de Salomão, por exemplo, está avaliado nos dias de hoje em mais de 7 bilhões de dólares. Quem não quer um templo assim? Nunca mais teríamos problemas de som ou de ar-condicionado!

Entretanto, Deus não sente falta do tabernáculo de Salomão, mas da paixão e do contato existentes no tabernáculo de Davi. Às vezes, pensamos que surpreenderemos Deus com tecnologia ou excelência. Mas a única coisa a que Deus não resiste de fato é um coração contrito e humilde.

Estou a favor de que tenhamos o melhor para servir a Deus, mas que nunca percamos a essência do que realmente o surpreende: paixão por sua presença! Este é o segredo: se temos Deus, então temos tudo o que precisamos!

SÍMBOLOS *VERSUS* ESSÊNCIA

Davi trocou objetos e símbolos por pessoas. E Deus gostou disso!

Por vezes, muitas pessoas se apegam a símbolos que ainda hoje temos na igreja como, candelabro, óleo da unção e outros objetos da antiga aliança e acabam não se conectando com a essência do que fazem.

Davi entendeu o segredo quando tocou sua harpa e percebeu os espíritos que atormentavam Saul indo embora. Ele compreendeu que os demônios não reconheciam os símbolos e os acordes de seus instrumentos naturais, mas o som que saía dele.

No mundo espiritual, não tocamos instrumentos. Nós somos os instrumentos.

Por essa razão, devemos estar afinados com o céu, como instrumentos de justiça, e soar de acordo com as batidas do coração de Deus.

Davi colocou a arca no centro das atenções em Israel, dando ao trono dos céus o lugar de destaque.

Ele reuniu Asafe, Hemã, Jedutum (1Crônicas 25) e suas respectivas famílias para representar os quatro seres viventes que dirigiam a adoração até o Senhor. Organizou as 12 tribos em 24 turnos, dia e noite sem parar, representando os 24 anciãos, e a multidão de anjos que davam alegria ao Pai constantemente. Dessa forma, conseguiu estabelecer o governo divino.

Enfim, Davi preparou tudo para que Deus fosse adorado da forma que lhe agradasse. Seu plano era que o Pai encontrasse um "lar, doce lar" em Israel. E, enquanto houve adoração contínua, aquele pedaço de Israel foi uma espécie de céu na terra.

> "não permitirei que os meus olhos peguem no sono
> nem que as minhas pálpebras descansem,
> enquanto não encontrar um lugar para o SENHOR,
> uma habitação para o Poderoso de Jacó". (Salmos 132.4,5)

ANFITRIÕES DE SUA PRESENÇA

Eu me lembro do dia em que a minha esposa e eu, logo depois do nosso casamento, entramos, pela primeira vez, no apartamento onde iríamos morar. Foi emocionante! Apesar do entusiasmo de sermos recém-casados e termos um lar só nosso, deixamos toda a mudança em um canto e fomos adorar a Deus.

Eu peguei a minha guitarra e comecei a tocar. E por muito, muito tempo, eu e ela apenas repetíamos: "Vem e toma o teu lugar".

Dessa adoração, começou a surgir uma nova canção, fruto de um desejo desesperado: "Preparamos um lugar para que venhas reinar, Senhor. Preparamos um lugar para que possas desfrutar".

O que vinha ao nosso pensamento era a alegria, a maravilha de ter um local onde morar. E começamos a declarar isso mais e mais. Pois o nosso coração desejava que Deus encontrasse um lugar entre nós para habitar.

Estávamos no 22º andar de um prédio em plena Buenos Aires. Do alto, olhávamos toda a cidade: muitos edifícios, casas e famílias. Começamos a profetizar que cada família fizesse o mesmo: preparar, entre eles, um "lar, doce lar" para Deus.

Não se trata de religião ou de ritos eclesiásticos; pelo contrário, é questão de sermos espontâneos e livres, como somos em casa. É preciso deixar de lado toda a liturgia, para sermos anfitriões de presença da Deus.

Um bom anfitrião é aquele que sabe preparar o melhor lugar para o convidado, que põe a música de fundo que ele gosta de escutar, que prepara a comida que ele gosta de comer. Quando o convidado se sente confortável, é uma grande satisfação, uma grande vitória.

Muitas vezes, penso que Deus está longe de muitos programas e cultos feitos pelos homens. Isso porque eles foram elaborados apenas para que as pessoas se sintam confortáveis, não para que o Todo-poderoso desfrute.

Os homens sonham com os melhores lugares para suas igrejas, o melhor ar-condicionado, o melhor som, a melhor palavra, mas de tudo isso a única coisa que Deus recebe é a adoração.

Ainda assim, muitas vezes a adoração é egoísta, oferecida por pessoas que cantam para ter algum proveito da pessoa de Jesus, não pelo simples prazer de ser íntimo dele.

A mensagem de Jesus para a igreja de Laodiceia é muito forte para os dias de hoje:

> "Eis que estou à porta e bato. Se alguém ouvir a minha voz e abrir a porta, entrarei e cearei com ele, e ele comigo" (Apocalipse 3.20).

Essa não é uma palavra para os não convertidos, como muitas vezes a usamos, mas para a igreja! Imagino Jesus batendo na porta, fora da igreja. E todos reunidos no lado de dentro, acompanhando uma bela programação, cantando sobre ele, falando a respeito dele, ofertando supostamente a ele, enquanto ele está do lado de fora gritando: "Ei! Se alguém ouve a minha voz, abra a porta, porque quero entrar e ter intimidade com vocês!".

Olhe que interessante: o Rei do Universo espera que lhe abram a porta para ele poder entrar. E, quando entra, não apenas nos abençoa com seu alimento espiritual, como também vem para comer e aproveitar do que temos para oferecer. "[...] cearei com ele, e ele comigo." Trata-se de um diálogo de amizade e amor!

Deus sente falta desse lugar de encontro. Onde está a geração que restaurará esse romance com o Rei dos reis? Onde está a geração que desviará os olhos de si mesma e de toda distração para se dedicar a preparar um lugar onde Jesus reine e confraternize conosco?

Bem-vindo ao grupo dos que querem viver para o Amado, dos que querem ser anfitriões da presença dele. Seja bem-vindo ao grupo de reis e sacerdotes que procuram adorar na terra como no céu e que investem suas forças para restaurar aquilo de que Deus sente falta: o contato com a melhor de suas criações!

GINOSKO

Conhecimento

1. Resuma o que entendeu a respeito da restauração do tabernáculo de Davi.

2. Qual é a diferença entre os tabernáculos de Moisés, Salomão e Davi?

3. Escreva três coisas que você está fazendo em prol de restaurar aquilo de que Deus sente falta.

Experiência

- Reflita nas palavras de Apocalipse 3.20.

Prepare uma mesa e uma cadeira onde você possa ter um tempo de diálogo íntimo com Deus. Lembre-se de que ele quer dar algo a você, mas também receber.

Capítulo 3

Executivos do Reino

> Alegrei-me com os que me disseram:
> "Vamos à casa do Senhor!"
> Nossos pés já se encontram dentro de suas portas, ó Jerusalém!
> Jerusalém está construída
>   como cidade firmemente estabelecida.
> Para lá sobem as tribos do Senhor,
>   para dar graças ao Senhor,
>   conforme o mandamento dado a Israel.
> Lá estão os tribunais de justiça,
>   os tribunais da casa real de Davi. (Salmos 122.1-5)

Davi foi um homem à frente de seu tempo! O salmo 122 traz inúmeras revelações sobre o que precisamos viver nos dias de hoje.

1. CONCEITO DE CASA

Davi fazia diferença entre o templo e a casa de Deus. Para ele, era uma alegria estar onde Deus habitava. Nos nossos dias, nem sempre é uma festa quando nos dizem: "Vamos à igreja!". Porque, às vezes, há tanta liturgia, tanta programação, que nem parece um ambiente caseiro. Mas essa alegria precisa voltar, principalmente quando sabemos qual é a diferença entre templo e lar.

Davi dizia no salmo 27.4:

> Uma coisa pedi ao Senhor
> e a procuro: que eu possa viver na casa
> do Senhor todos os dias da minha vida,
> para contemplar a bondade
> do Senhor e buscar sua orientação
> no seu templo.

Em um só verso, Davi fala em viver na casa de Deus e buscar sua orientação no templo. Ele sabia a diferença. Temos que aplicar esse princípio na vida quanto antes.

É importante levar em conta que, ao falarmos da casa de Deus, estamos falando de algo espiritual, porque Deus é espírito (cf. João 4.23). Mais que um lugar físico, trata-se de um campo gerado por meio da adoração (Salmos 22.3).

2. EM CASA, SOMOS O QUE SOMOS

Davi continua dizendo que as tribos se unem na casa do Senhor. Hoje temos as tribos modernas, ou seja, as denominações, que se separam por doutrinas e costumes. Mas, quando entramos na presença dele, devem ser desfeitas quaisquer divisões para que não haja uma religião vazia. Para estar na sala de Deus, a condição é que haja unidade!

Para dar o que Deus quer receber de nós, devemos fazer do jeito dele. Deus nos fez conforme sua imagem e semelhança. Portanto, ele tem os mesmos sonhos que um ser humano: ter uma família, filhos e uma casa da qual desfrutar. Há coisas que Deus só revela em sua casa, em sua sala de intimidade.

Precisamos parar de cantar por cantar. É preciso entrar por suas portas com ações de graças e adorar o Dono da casa do fundo do coração!

Na intimidade da casa, somos o que somos. Não há hipocrisia, não há programações formais e rígidas. Em casa, não há espaço para uma falsa aparência. Somos livres para expressar o que somos e o que queremos e principalmente dialogar com o Dono da casa, sem intermediários.

3. EM CASA, JULGAMOS E GOVERNAMOS

Em suas experiências nos aposentos de Deus, Davi se deu conta de que na casa espiritual do Pai havia cadeiras de juízo e tronos (no plural) para os filhos da casa.

Quando entramos corajosamente em seu lugar de intimidade, descobrimos que se trata de um lugar de amores, de restauração, de revelação, mas também de uma casa de governo! Uma casa na qual nós, os filhos, nos sentamos em cadeiras de juízo, para julgar a favor dos interesses do Pai; e nos tronos, preparados para os reis e sacerdotes do Reino de Deus.

Esse lugar é aquele mencionado pelo apóstolo Paulo em Efésios 2.6: "[...] e nos fez assentar nas regiões celestiais, em Cristo Jesus".

A pessoa íntima da casa do Pai tem acesso ao local que lhe dá a autoridade para manifestar a justiça do céu na terra. Nós somos muito bons na hora de gritar e exibir emoções nos templos onde somos reis e sacerdotes, mas poucos de nós realmente reinamos com Cristo sobre a terra. Muitas vezes, tentamos fazê-lo pela nossa força ou na carne, por isso nos frustramos e as nações permanecem exatamente iguais. Mas creio que Deus está revelando um segredo a mais para que sejamos seus autênticos representantes.

COMO EXECUTAR A VONTADE DO PAI?

Às vezes, na nossa música e liturgia, temos um posicionamento passivo. Adoramos de todo o coração e com sinceridade por muitos anos, mas em muitos casos temos oferecido nada mais que uma adoração "obrigatória".

Lembramo-nos do que Cristo fez na cruz e cantamos, saltamos e até choramos. Isso é bom e necessário. Mas há outra arte que precisamos ativar. É a arte de executar o que Cristo fez na cruz para poder desfrutar, aqui e agora, do que ele conquistou com sua morte. Entender que sua ressurreição nos proporcionou reinar junto com ele nos lugares celestiais, sua casa de governo.

Usaremos o salmo 149 como base para encontrar algumas respostas: Como adorar? E adorar para quê? Necessitamos interpretar o que Deus quer restaurar nos dias de hoje. Ao desenvolver isso, tornaremos nossa adoração mais eficaz.

O ideal é que você acompanhe os próximos pontos com a Bíblia aberta.

O "como" encontramos nos versículos 1-6 e o "para que" nos versículos 7-9.

COMO ADORAR?

1. Espontaneidade (v. 1)

Em mais de 200 versículos, Deus pede por meio dos salmistas e dos profetas: "Cante um cântico novo para mim".

Deus gosta de saber o que estamos sentindo. Ele se importa com o que acontece conosco, e as canções deveriam ser resultado da abundância do coração. Só quem é nascido de novo pode cantar um cântico novo.

O conceito de espontaneidade vem de saber onde estou e com quem estou me comunicando. De dentro da casa íntima do Pai, somos o que somos e o que necessitamos ser: livres e espontâneos.

Não precisamos seguir uma lista de músicas ou um programa predeterminado, que talvez seja organizado para o povo, mas que para Deus soa como algo robotizado.

O Pai está interessado em ouvir o nosso coração. E também em ouvir a si mesmo em nosso interior.

A adoração cuida de dar a Deus o que ele quer receber, mas só sabemos o que ele quer por meio de seu Espírito. Jesus disse a seus discípulos:

> "Mas, quando o Espírito da verdade vier, ele os guiará a toda a verdade. Não falará de si mesmo; falará apenas o que ouvir, e anunciará a vocês o que está por vir. Ele me glorificará, porque receberá do que é meu e o tornará conhecido a vocês" (João 16.13,14).

O dirigente de louvor não é o que canta melhor, o que sabe bem as letras, ou o que tem técnicas para conduzir a ministração e as pessoas.

O verdadeiro dirigente é o Espírito Santo. Todos devemos ser dependentes dele para saber o que o Pai deseja receber.

A Bíblia fala de pelo menos três dimensões de adoração: hinos, salmos e cânticos espirituais (cf. Efésios 5.19; Colossenses 3.16).

Os hinos são canções que atingem a mente e o intelecto do homem. Assim como os hinos nacionais, os hinos cristãos educam e formam conceitos na mente dos fiéis. Concordo que são muito poderosos, mas o perigo está quando cantamos repetidamente essas canções sem crer nas palavras delas. Ou pior: sem viver o que estamos cantando rotineiramente. Se pararmos para analisar friamente, veremos que quem sentiu algo com essa ou aquela música de rimas fáceis e palavras bonitas foi a pessoa que a compôs, anos e anos atrás.

Há algumas décadas, Deus despertou uma geração que ensinou à igreja uma nova dimensão de adoração. Foi a época dos "salmistas", que renovaram os cânticos nas igrejas e subiram o nível técnico da música. A partir de então, passamos a adorar a Deus com excelência. A verdade é que toda essa técnica musical tem sido muito eficaz, mas está no mesmo degrau que os hinos. São formas de expressão da igreja.

Os salmos são canções inspiradas no coração do homem para Deus. Fruto de experiências pessoais que se transformam em uma canção vivida que envolve corpo e alma. Por exemplo, quando Davi passava por uma situação difícil em sua vida, em vez de murmurar, ele compunha.

> Depositei toda a minha esperança no Senhor;
> ele se inclinou para mim e ouviu o meu grito de socorro.
> Ele me tirou de um poço de destruição,
>   de um atoleiro de lama;
> pôs os meus pés sobre uma rocha
>   e firmou-me num local seguro.
> Pôs um novo cântico na minha boca,
>   um hino de louvor ao nosso Deus.
> Muitos verão isso e temerão, e confiarão no Senhor.
> (Salmos 40.1-3)

Por essas palavras fortes e de desespero, podemos imaginar o que Davi estava vivendo, mas o interessante é que ele transformou sua experiência de dor em poesia. Depois ele a enviou ao músico principal, que compunha a melodia, e todo o Israel cantou esse salmo de Davi.

Hoje em dia, temos muitos salmistas que compõem a respeito de experiências tremendas que viveram com Deus, e, quando cantamos, parece que provamos do mesmo. Isso é real, poderoso e necessário! Mas, volto a dizer, o perigo está em apenas repetirmos o que está escrito em uma tela de projeção, caindo no erro de estruturar a adoração, perdendo a fluidez do diálogo e a expressão espontânea que deve existir.

A terceira dimensão, que não é melhor nem pior, é mais uma das três formas de expressão. Todas são necessárias; por isso, aparecem na Bíblia.

Os cânticos espirituais são muito simples e, às vezes, profundos. Não se trata de cânticos compostos mediante uma experiência pessoal nem para ensinar uma doutrina, mas cânticos do Espírito.

Os cânticos espirituais surgem quando o Espírito Santo toma o que há no Pai e no Filho e nos faz conhecer seu conteúdo para que sejamos eficazes. O Espírito pode cantar por meio de nós mediante diferentes abordagens: para dar prazer ao Pai, para glorificar o Filho, para apaixonar a igreja, para inspirar os descrentes, para dar vida à criação e a tudo o que é guiado por ele.

Na Bíblia, encontramos o Deus vivo e verdadeiro, não um ídolo, mas um Deus que tem olhos e vê, tem ouvidos e ouve, tem boca e fala. Aliás, o nosso Deus tem boca e canta.

- Cântico do Pai:
  Salmos 32.7: "Tu és o meu abrigo;
  tu me preservarás das angústias
  e me cercarás de canções de livramento".

  Sofonias 3.17: "Ele se regozijará em você
  com brados de alegria".

  Lucas 15.25: "Quando se aproximou da casa,
  ouviu a música e a dança".

- Cântico do Filho:
    Salmos 22.22; Hebreus 2.11,12
    Disse Jesus: "Proclamarei o teu nome a meus irmãos; na assembleia te louvarei".

Quando foi a última vez que nos reunimos e o Pai cantou para nós? Há preocupações que só podem ser removidas pelos cânticos de libertação do Pai. Quando o filho pródigo volta para casa, o Pai apaixonado lhe dá um beijo e um abraço. O pai começa a transformá-lo: põe um anel em seu dedo e prepara uma festa. Coloca música para celebrar. O nosso Pai se agrada em cantar e dançar com seus filhos.

Quando foi a última vez que Jesus cantou entre nós? Jesus não se envergonha de nos chamar irmãos. Precisamos aproveitar esse nível de proximidade e dar a ele a liberdade necessária e principalmente reconhecer as personalidades do Pai, do Filho e do Espírito.

Espontaneidade não significa fazer o que queremos; ao contrário, significa fazer tudo o que o nosso Amado quer que façamos!

2. Alegrar-se com o Rei (v. 2)

Uma nova dimensão de festa na casa. Não se trata de celebrar a ele, mas também celebrar com ele. Muitas vezes, terminamos as "noites de celebração" transpirando, emocionados e felizes, mas alguém se pergunta se Deus também gostou?

Precisamos entender que, quando Deus desfruta do momento de adoração, nós nos fortalecemos. Mas é preciso que nos alegremos nele!

3. **Usar todas as expressões artísticas para demonstrar nossa paixão (v. 3)**

A arte é a maior expressão da alma reconhecida pela História. Deus se agrada quando nos expressamos e mostramos quanto estamos apaixonados por ele. Encontrar novas formas de demonstrar amor é uma espécie de multiplicação de amores. A nossa adoração deve ser uma resposta ao que vemos. Não nos cansemos de adorar porque sabemos que isso lhe agrada. Sempre diremos: "Quanto mais te conheço, muito mais eu te amo!".

Sou a favor da criatividade, porque é o DNA de Deus. Ele é o criador de todas as coisas, e, na intimidade com ele, sempre há inovações que facilitam a vida. Podemos usar o mesmo tipo de arte usada pelos judeus nos tempos antigos ou outra. É tempo de despertar o DNA criativo que nos trará uma arte restaurada para atrair a atenção das pessoas. Mas o objetivo, não se esqueça, é surpreender o Amado.

4. **A adoração dá prazer ao Pai (v. 4a)**

"O Senhor agrada-se do seu povo [...]".

Mesmo em diferentes traduções, esse texto mostra sempre o mesmo sentido. Deus fica feliz ao estar conosco. É o mesmo sentimento que o Pai teve quando viu Jesus e disse: " 'Este é o meu Filho amado, de quem me agrado. Meu filho amado que me dá muito prazer' ".

As prioridades nunca podem ser invertidas. Primeiro, nos deleitamos nele, e há uma apreciação mútua. Depois, ele nos concede os pedidos do nosso coração.

Os anjos foram criados para servir a Deus e adorá-lo. Isso faz parte da existência deles, mas, ao contrário do ser humano, que tem livre-arbítrio, eles não têm sentimentos.

É isto que surpreende o mundo espiritual: que o ser humano, quando se dispõe a orar, provoca um prazer diferente no Criador porque não é algo programado (ainda que seja algo desejado), que, ao nascer do nosso desejo, toca o coração de Deus.

Os anjos dizem: "Santo". Contudo, nós (e somente nós) podemos chamá-lo "Papai"!

5. Somos transformados à imagem de Deus (v. 4b)

"[...] ele coroa de vitória os oprimidos."

Quando gastamos tempo na intimidade com Deus, algo dele é transferido para nós. Quando o abraçamos, recebemos seu poder, sua pureza e seu amor.

Foi o que aconteceu com Moisés quando esteve face a face com Deus. Quando ele desceu do monte, seu rosto brilhava. Brilhava tanto que foi preciso usar um véu.

O texto de 2Coríntios 3.7-18 diz que essa glória continua disponível a nós hoje. O que iluminava o rosto de Moisés desaparecia pelo tipo de aliança sob a qual viviam, mas hoje, na nova aliança, temos o direito a uma glória mais excelente e que não nos abandona. Cristo em nós é a esperança da glória.

Cada vez que olhamos para ele, somos transformados.

Nós não somos transformados de canção em canção ou de pregação em pregação, por mais que esses momentos nos proporcionem certo prazer. Contudo, somos transformados de glória em glória conforme a imagem do Pai:

> Todos nós, que com a face descoberta contemplamos a glória do Senhor, segundo a sua imagem estamos sendo transformados com glória cada vez maior, a qual vem do Senhor, que é o Espírito (2Coríntios 3.18).

O melhor de tudo é ter consciência de que estamos na intimidade com ele. Assim, podemos ver o brilho do Pai no nosso rosto, a luz dele no nosso sorriso e o perfume dele por onde passamos.

6. Sacrifício de louvor (v. 5,6)

> Regozijem-se os seus fiéis nessa glória
> e em seu leito cantem alegremente!
> Altos louvores estejam em seus lábios e
> uma espada de dois gumes em suas mãos [...].

No tabernáculo restaurado de Davi, não é mais necessário o sacrifício de animais, e sim o fruto de lábios que confessam o nome do Todo-poderoso. Esse é o sacrifício que Deus quer (cf. Hebreus 13.15).

O texto mostra o nível de compromisso que precisamos ter ao adorar. Exaltar a Deus com a voz e cantar ainda que estejamos sobre um leito.

Em Atos 16, temos o exemplo de uma adoração profética. O apóstolo Paulo e o profeta Silas foram presos injustamente, mas, apesar das circunstâncias adversas e do momento de crise, na hora mais escura, em vez de se queixarem, começaram a adorar. Foi um sacrifício de louvor que conseguiu tocar o coração do Pai e que produziu uma resposta do céu que afetou a realidade que viviam.

Nessa ocasião, a resposta do céu veio em forma de terremoto, e a prisão tremeu. A adoração dos dois trouxe liberdade a todos!

PARA QUE ADORAR?

7. Para tomar vingança das nações (v. 7,8)

> [...] para impor vingança às nações
> e trazer castigo aos povos;

para prender os seus reis com grilhões
e seus nobres com algemas de ferro [...].

A nossa guerra não é contra carne ou sangue, mas contra toda uma hierarquia espiritual, como está escrito em Efésios 6. O Diabo não é como Deus. O nosso Rei é onipresente, ou seja, está em todos os lugares ao mesmo tempo. O Diabo, não. O Inimigo está somente em um lugar físico no mundo. Por isso, ele se divide em principados, potestades, hostes espirituais e governadores das trevas. Por meio deles, controla um território que, na realidade, não lhe pertence. Estão, na verdade, à espera de que alguém tome seu lugar, e esse alguém é Jesus, por meio da Igreja.

Cada vez que adoramos, devemos decretar o ano aceitável do Senhor e o dia de sua vingança (cf. Isaías 61.2). A vingança do Senhor consiste em levar cativo aquele que aprisionava sua criação. Jesus destruiu o pior inimigo dos seres humanos: a morte e todos os seus sintomas. Com a vitória da cruz, Jesus expulsou publicamente principados e potestades (cf. Efésios 2.9). Subiu ao céu, levou consigo os prisioneiros e deu dons aos homens (cf. Salmos 68.18; Efésios 4.8).

A nossa função é ter a consciência de exaltar o Senhor e sua obra redentora da cruz onde quer que estejamos. E ele se encarregará de envergonhar os nossos inimigos.

A guerra espiritual mais eficaz é a adoração inteligente, pois faz que a luz de Cristo se acenda e as trevas desapareçam.

Que Deus se levante!
Sejam espalhados os seus inimigos,
    fujam dele os seus adversários. (Salmos 68.1)

Em linguagem moderna: "Quando Deus entra em ação, o inimigo foge".

Esta é a função da adoração apaixonada: fazer que Deus entre no cenário da História e que tome o lugar que lhe pertence!

8. Executar o juízo decretado (v. 9)

> [...] para executar a sentença escrita
> contra eles.
> Esta é a glória de todos os seus fiéis.
> Aleluia!

Esse é o último ponto que resume o capítulo. Deus nos vê por meio do sangue de Jesus como executivos de seu Reino. O juízo contra a enfermidade, contra a inquietude e contra qualquer tipo de pecado, maldição e morte já foi decretado na cruz do Calvário. O que falta apenas é que alguém faça uso da legalidade e o execute em sua vida.

Ainda que Jesus já tenha levado sobre si toda dor, quando alguém começa a ter algum sintoma de enfermidade ou vê alguma pessoa lutando contra a dor, a atitude deve ser tomar toda autoridade que Jesus conquistou na cruz e executar o juízo decretado contra a dor e a enfermidade. Desse modo, a vitória de mais de dois mil anos se fará presente aqui e agora.

O mesmo princípio é válido tanto no âmbito pessoal quanto no territorial. Porque o mesmo sangue derramado para salvar vidas, perdoar pecados e sarar enfermidades é o mesmo que comprou todos os povos, tribos, línguas e nações. É o sangue que constituiu reis e sacerdotes. Assim, reinaremos sobre a terra (cf. Apocalipse 5.9,10).

Se o meu pai biológico me deixa uma casa como herança, também deverá deixar um documento legal por meio do qual transfere o imóvel para o meu nome.

Então, quando ele falecer, terei que tomar posse do que me pertence por direito. Se eu for ver a casa e notar que os velhos inquilinos ainda estão morando lá, devo pedir a eles que se retirem, porque agora a casa me pertence. Se não saírem, tenho que acionar o Poder Judiciário e legalmente retirá-los de lá, porque agora a casa tem um novo dono. Acontece o mesmo com a terra onde pisamos. Alguém tem que executar o juízo que já foi decretado na cruz: Jesus comprou tudo com o seu poder.

Antes, Satanás tinha direito sobre a terra, porque o pecado de Adão deu a ele legalidade para isso. Mas o segundo Adão veio, venceu a morte, tomou as chaves do inferno e disse: " 'Foi-me dada toda a autoridade nos céus e na terra. Portanto, vão e façam discípulos de todas as nações [...]' " (Mateus 28.18,19).

Isso significa que Jesus tomou todo o poder da terra outra vez e o entregou à igreja, para que realize o plano de Deus nos lugares onde Jesus fisicamente não pode ir.

Muitas vezes, estamos cheios de dores, pecados, miséria e sem posses, porque nunca nos vimos como executivos do que Jesus fez na cruz. Esperamos que "Deus faça a obra", mas, na realidade, ele já a concluiu na cruz. A única coisa que falta é que a executemos na vida e no território que ocupamos.

Posso ver que há um remanescente que entenderá isso e que fará valer a pena o sangue que o Cordeiro derramou na cruz. Não apenas adorando com canções, mas pondo em prática tudo a que ele nos deu acesso para desfrutar na terra. Reinaremos com Cristo sobre a terra!

Mude a sua atitude de estar sempre pedindo a Deus o que ele já decretou como juízo. Tome o anel de autoridade e comece a realizar a vontade do Pai. Ao viver o que Deus planejou para a sua vida, você dará prazer ao coração do Pai.

EXECUTIVOS COM GRAÇA

O grande perigo de tudo isso está nas pessoas que querem julgar e executar em sua própria carne e natureza. Mas o êxito, por outro lado, está na intimidade na casa do Pai. Na privacidade e nos lugares celestiais, executamos o juízo decretado. Jesus percebeu esse risco em seus próprios discípulos. Confiou a eles poder e autoridade, mas também os advertiu:

> "[...] 'Os reis das nações dominam sobre elas; e os que exercem autoridade sobre elas são chamados benfeitores. Mas vocês não serão assim. Ao contrário, o maior entre vocês deverá ser como o mais jovem, e aquele que governa, como o que serve. Pois quem é maior: o que está à mesa, ou o que serve? Não é o que está à mesa? Mas eu estou entre vocês como quem serve. Vocês são os que têm permanecido ao meu lado durante as minhas provações. E eu designo a vocês um Reino, assim como meu Pai o designou a mim, para que vocês possam comer e beber à minha mesa no meu Reino e sentar-se em tronos, julgando as doze tribos de Israel' " (Lucas 22.25-30).

Que tremendo! Veja que linda mistura: autoridade e serviço. No Reino de Deus, é possível. Ter poder para julgar não é olhar as pessoas com altivez, com se fôssemos os únicos justos. Mas praticar a justiça e fazer o que é justo, servindo ao próximo com a justiça de Deus. A nossa posição na hora de julgar é algo precioso: sentados à mesa em seu Reino, ou seja, simbolicamente comendo de sua carne e bebendo de seu sangue, servimos e julgamos como ele.

GINOSKO

Conhecimento

1. Escreva o seu verdadeiro conceito sobre casa de Deus.

2. Comente como é e como deveria ser o seu comportamento na casa de governo do Pai e todos os benefícios que há.

3. Como você pode ser um executivo do Reino?

Experiência

Faça uma lista de todas as áreas da sua vida em que esteja experimentando algo que já foi vencido por Jesus na cruz (pecado, enfermidade, miséria). Em seguida, separe um tempo com o Espírito Santo para eliminar tais coisas.

Faça o mesmo com a cidade onde você mora.

Capítulo 4

Do levítico ao profético

Levitas. Gostamos muito de preservar as tradições e os costumes, mas achamos bastante complicado nos adaptarmos às mudanças. Deus é um Deus que avança, e o nosso dever é acompanhar seus avanços. Não devemos ficar para trás.

O conceito de levita é algo que nasceu de Deus, mas por determinação da tribo de Levi.

Quando Israel ergueu um bezerro de ouro e começou a adorar essa imagem dizendo que ela é que os tinha libertado do Egito, Deus se irritou grandemente. Irritou-se tanto que decidiu destruir todos e começar do zero com Moisés (v. Êxodo 32). No entanto, Moisés intercedeu a Deus, pedindo uma oportunidade para o povo.

Ele fez uma linha de separação e perguntou às pessoas quantas queriam estar ao lado do Senhor a fim de viver para ele. Quem quisesse, deveria cruzar a linha. A única tribo que tomou essa decisão foi a de Levi. A partir daí, Deus estabeleceu que somente os levitas o serviriam e seriam os intermediários entre Deus e o restante do povo. Da tribo de Levi, sairiam toda a linhagem de sacerdotes, os ministros do Senhor e os intercessores do povo.

Assim foi até o tempo de Jesus. Isto é o que nos falta: mudar o *chip*. A ideia de intermediários nunca esteve nos planos de Deus. Sua proposta com Adão era intimidade e governo. Mas, por causa do pecado, foi separada uma nação entre as demais nações: "[...] vocês serão o meu tesouro pessoal entre todas as nações [...] vocês serão para mim um reino de sacerdotes" (Êxodo 19.5).

A ideia era ter uma nação onde todos fossem sacerdotes, não alguns. Mas, por falta de compromisso e determinação, Deus separou os levitas.

Quando Cristo morreu na cruz, o véu se rasgou e com seu sangue abriu um novo e vivo caminho, um livre acesso à presença de Deus. Por se tratar de um novo caminho, significa que não existia algo semelhante antes da nova aliança. Agora já não há intermediários entre Deus e os homens, somente Jesus Cristo homem (cf.1Timóteo 2.5).

Para o Pai, foi um prazer mudar a regra. Agora, por meio de Cristo, aquele que se aproxima confiadamente terá acesso ao trono da graça, não mais com sacrifícios de animais, e sim com sacrifício de louvor, fruto de lábios que confessam seu nome.

O livro de Hebreus dedica-se às mudanças inegociáveis que os judeus tinham que aceitar para fazer o que Deus esperava. Serve para nós também porque não raro nos apegamos a métodos e maneiras do passado em vez de nos fixar naquilo que Deus está fazendo agora.

Há um texto muito forte que diz:

> Se fosse possível alcançar a perfeição por meio do sacerdócio levítico (visto que em sua vigência o povo recebeu a Lei), por que haveria ainda necessidade de se levantar outro sacerdote, segundo a ordem de Melquisedeque e não de

Do levítico ao profético

Arão? Certo é que, quando há mudança de sacerdócio, é necessário que haja mudança de lei (Hebreus 7.11,12).

Hoje, Jesus é o nosso sumo sacerdote, que ofereceu o sacrifício perfeito de uma vez por todas e nos deu *livre acesso* ao Pai. Antes, os levitas serviam para adorar a Deus e interceder pelo povo. Eles levavam as petições do povo a Deus e a presença de Deus ao povo. Essa é a tarefa que muitos ministérios de música ainda pensam desenvolver hoje na igreja. Santificam-se, preparam-se, ensaiam para levar as pessoas à presença de Deus, mas isso já não é mais assim!

Às vezes, me perguntam: "Marcos, você pode vir à nossa igreja para nos levar à presença de Deus por meio da adoração?".

Alguns estão tão acostumados a dizer isso que nem pensam no que dizem. Eu respondo sempre a mesma coisa: "Não posso levar ninguém à presença de Deus. Primeiro: vocês pesam muito. Segundo: não há mediador entre Deus e os homens".

É o sangue do Cordeiro que nos habilita a estar em sua presença. No novo pacto, todos com o rosto descoberto podem ver a glória de Deus (cf. 2Coríntios 3.18). Sem falsidade, sem culpa, sem hipocrisia, sem pecado, podemos entrar com as nossas próprias pernas, ver a Deus com os nossos próprios olhos e escutar sua voz com os nossos próprios ouvidos, sem intermediários.

A ERA DOS "SENHORES DA GUERRA" TERMINOU

A América Latina ainda tem uma mentalidade de o "senhor da guerra". Estamos a todo tempo esperando que se levante um "libertador" para nos conduzir ao êxito. Gostamos de admirar e depender de figuras carismáticas poderosas. O problema é que transferimos o mesmo conceito à igreja. Esperamos que Deus levante um novo dirigente de louvor que nos conduza a novos tempos de intimidade e adoração.

Esperamos que se levante um novo pregador que tenha uma nova revelação, ou a revelação do momento. Algo que nos renove e nos lembre da voz de Deus. Isso é muito lindo e importante que aconteça, mas não pode se transformar em dependência e idolatria.

Jesus é o nosso libertador, e não necessitamos de outro. No Reino de Deus, não há lugar para estrelas, somente para uma: a Estrela da Manhã, o Sol da Justiça! Somente ele merece brilhar!

Talvez você se pergunte: "Se os músicos e os ministros não servem para levar as pessoas à presença de Deus, para que servem então?".

Essa é uma conclusão a que precisamos chegar. Pensar um pouco e voltar ao modelo original. Temos dito que o tabernáculo de Davi é o modelo original de Deus para a igreja; não se trata de um estilo musical, mas de um modelo para que os homens busquem o Senhor. Portanto, para saber qual é a função dos músicos hoje, precisamos analisar como era no tabernáculo de Davi.

O texto-chave para esse tema é 1Crônicas 25.1-8, pois nele está a distribuição dos músicos e cantores do tabernáculo de Davi (lugar de encontro amado por Deus). Essas são algumas características que devemos adotar se quisermos seguir o modelo original e alcançar resultados extraordinários nos dias de hoje.

1. PROFETAS MÚSICOS

> Davi, junto com os comandantes do exército, separou alguns dos filhos de Asafe, de Hemã e de Jedutum para o ministério de profetizar ao som de harpas, liras e címbalos. [...] (1Crônicas 25.1)

Do levítico ao profético

Davi faz uma reunião de Estado para preparar um lugar onde Deus se sinta bem entre nós. Ele também busca homens com suas famílias que tenham caráter profético para saber fazer na terra como é feito no céu. Buscou a Asafe, Hemã e Jedutum, não para animar o público ou para entreter as pessoas "antes da exposição da Palavra", mas para que profetizassem com seus instrumentos. E há uma diferença entre ser músico profeta e profeta músico.

Músico profeta é aquele que sabe tocar e, quando a unção está na reunião, o espírito de profeta vem e Deus o usa para ministrar a outras pessoas por meio de seu instrumento. Isso já é fantástico, mas o plano original é muito melhor. Profetas músicos são os que têm treinamento de profeta, caráter de profeta, vida de profeta e, às vezes, tocam. Mas, quando tocam, prepare-se, porque os céus vêm para apoiar tudo o que eles fazem.

Precisamos de uma mudança de mentalidade em relação ao profético. Profetizar não é simplesmente prever o futuro. É revelar um plano celestial, tornar palpável o que estava em âmbito invisível e trazer o espiritual para o natural. O profético representa as diferentes formas de comunicação de Deus com sua criação. Além disso, a combinação entre a música e o Espírito Santo é explosiva. Porque a música é uma linguagem em si mesma, mas, quando guiada pelo Espírito de Deus, se torna profética e consegue traduzir o céu na terra.

Chegou o tempo de fazer a transição do levítico para o profético, porque o levita pertence à antiga aliança, e tudo o que pertence a ela produz resultados antigos. Mas os profetas da nova aliança não levam as pessoas à presença de Deus. Eles criam aqui um ambiente do céu para que aquele que se aproxime seja transformado e se conecte diretamente com Deus.

Como Davi conheceu Asafe, Hemã e Jedutum?

Quando Davi foi ungido para ser rei de Israel, ele era somente um pastor de ovelhas. Depois de ter sido ungido, Davi não foi para o palácio. Ao contrário, ele entrou em um processo pelo qual seu caráter pudesse suportar a unção de governo com o passar do tempo. É bom lembrar: conforme a dimensão, o processo alcançará uma finalidade.

Um pastor amigo sempre diz: "Todo ser humano que alcança sucesso sem ser processado se corrompe". E Davi não buscou atalhos. Por causa da unção, foi perseguido por Saul, mas nunca tocou no "ungido de Deus" (mesmo Saul estando louco). Ele fugia para os desertos, para as covas e cidades inimigas a fim de continuar vivo.

No dia em que Davi se deu conta da situação, ele se lembrou de Samuel, que o tinha posto naquela situação, e foi à escola de profetas em Ramá, onde estava o grande profeta. Vou parafrasear o que aconteceu em 1Samuel 19.18-24:

Davi se escondeu na escola de profetas em Ramá, uma companhia de profetas que descia de uma colina ou morro, tocando e profetizando. Quando Saul se aproximou dela para prender Davi, aconteceram coisas muito interessantes... Era muito provável que Asafe, Hamã e Jedutum estivessem dentro dessa escola, sendo dirigidos por Samuel.

Quando Saul ouviu, enviou mensageiros para prender Davi e matá-lo. No entanto, diz a Palavra que, apenas ao se aproximarem, passaram a profetizar com eles. Saul enviou outros mensageiros, pessoas mais capacitadas e com mais ódio, violência, dispostos a matar Davi. Mas, quando se aproximaram do local onde estava a escola de profetas, também passaram a profetizar com eles. Saul ficou completamente irritado e decidiu que ele mesmo iria até lá para matar Davi. Estava mais enfurecido do que nunca. Contudo, quando se aproximou, não somente começou a profetizar, como também ficou exposto fisicamente, assim como estava espiritualmente: nu.

Imagino o pequeno Davi, assustado no meio da escola de profetas, vendo toda a cena e se perguntando: "Quem são essas pessoas? O que elas produzem? Todo o que se aproxima é transformado!".

Nesse momento, creio que Davi pensou: "Quando for rei, quero que essas pessoas ministrem em todos os cantos da nação da mesma maneira que hoje fazem neste lugar. Então, qualquer pessoa que se aproxime de Israel morrerá na entrada, ou se transformará em um de nós". E foi assim em seus quarenta anos de reinado.

Essa é uma revolução profética, segundo o modelo de Davi. É o plano original de Deus para sua Igreja, onde seremos dirigidos por profetas músicos e adoraremos a Jesus ("o espírito de profecia", segundo Apocalipse 19.10) até que o céu se faça presente onde quer que estejamos. E, diante disso, aquele que se aproximar será transformado.

Que venham os piores! Assassinos, dependentes químicos, corruptos, corações de pedra, mas, quando se aproximarem do lugar onde haja adoradores que produzem o ambiente da "casa de Deus", esse lugar será literalmente a porta do céu, e todos serão transformados.

Isto foi o que Paulo disse à igreja de Corinto:

> Assim, se toda a igreja se reunir e falar em línguas e alguns não instruídos ou descrentes entrarem, não dirão que vocês estão loucos? Mas, se entrar algum descrente ou não instruído quando todos estiverem profetizando, ele por todos será convencido de que é pecador e por todos será julgado, e os segredos do seu coração serão expostos.

Assim, ele se prostrará, rosto em terra, e adorará a Deus, exclamando: "Deus realmente está entre vocês!" (1Coríntios 14.23-25).

Declaro que na América Latina se levantem mais que bandas e conjuntos musicais. Levantem-se escolas de profetas que tragam o ambiente do céu à terra, sem se importar com o estilo musical. O mais importante é que se proporcione prazer ao Pai e que ele traga seu Reino, sua cultura e seu poder a nós.

Mais adiante, abordaremos pontos mais específicos sobre como formar e treinar escolas de profetas.

2. Separados

As pessoas que se dedicarem a traduzir o ambiente de Deus aos seres humanos não podem ser improvisadores e fazer isso como *hobby*. Elas precisam ser separadas para poder cumprir o objetivo proposto.

A palavra "separado" vem do mesmo original que o usado para santo. Ter santidade não significa deixar de fazer algumas coisas que não devem ser feitas; ao contrário, significa entender qual é o meu propósito de vida e ser separado para isso. Desse modo, será fácil dizer "não" às demais coisas.

Se você sente que tem inclinação para servir a Deus por meio da música ou com outro tipo de arte, ou simplesmente com qualquer tipo de expressão, analise tudo o que você faz ou quer fazer:

Por que você gosta?
Por que há essa necessidade na igreja?
Por que pediram e você não teve outra opção?
Por que realmente você foi separado para isso?

Ser separado é estar seguro de que você nasceu para isso! Se você nasceu para isso, nunca será um esforço, mas um prazer. Cada tempo de busca, cada ensaio, cada tempo de preparação, tudo terá sentido.

Precisamos de pessoas especializadas em profetizar com sua arte. Pessoas prontas para desenvolver seus sentidos espirituais, para que sejam guiadas mais pelo Espírito do que pelas reações físicas. Especialistas em fazer na terra assim como é feito no céu.

3. A adoração profética é assunto de Estado e de segurança nacional

> Davi, junto com os comandantes do exército, separou alguns dos filhos de Asafe, de Hemã e de Jedutum. [...]

Nesse texto, vemos um rei reunido com seus chefes do exército, ou seja, uma reunião para definir assuntos de Estado, referentes à segurança da nação. Eles decidiram que os escolhidos para adorar vinte e quatro horas por dia, sete dias da semana, tinham que ser profetas, não apenas instrumentistas.

Era questão de guerra e de proteção de território.

"Deus se levanta, e seus inimigos são dispersados" (cf. Salmos 68.1); a luz é acesa, e as trevas desaparecem.

Davi se cercou de profetas e de videntes que viam o que ele não podia ver. Eles criavam o ambiente ideal para trazer o modelo celestial, de modo que tinham contato direto com Deus e recebiam as estratégias de guerra.

Por isso, Davi não temia quando declaravam guerra contra ele:

> Ainda que um exército se acampe contra mim, meu coração não temerá; ainda que se declare guerra contra mim,

mesmo assim estarei confiante. Uma coisa pedi ao Senhor e a procuro: que eu possa viver na casa do Senhor todos os dias da minha vida, para contemplar a bondade do Senhor e buscar sua orientação no seu templo. Pois no dia da adversidade ele me guardará protegido em sua habitação; no seu tabernáculo me esconderá e me porá em segurança sobre um rochedo (Salmos 27.3-5).

Portanto, a presença de Deus é um trunfo importantíssimo. Nela encontramos abrigo e um ambiente onde podemos nos esconder nos dias maus; aí encontramos a certeza de que sairemos com a vitória.

4. Enfoques diferentes, mas com o mesmo propósito

Toda música adora ou louva alguém ou algo. Louvor e adoração não são estilos musicais, mas, sim, o propósito pelo qual se produz qualquer coisa na vida, por isso ultrapassa a música.

No tabernáculo de Davi, especificamente, vemos quatro diretores de adoração, quatro enfoques diferentes, mas com um só propósito: que todos os homens sobre a terra busquem o Senhor.

a. Davi era a pessoa que vivia as experiências e se informava sobre os modelos celestiais (Salmos 27. 4,5).
b. Asafe, o recolhedor, junto com seus filhos, ministrava segundo as ordens do rei (1Crônicas 25.2).
c. Jedutum, que significa "o que flui como água", com espontaneidade, profetizava com a harpa, dando graças e adorando ao Senhor (1Crônicas 25.3).
d. Hamã, o fiel, com a palavra de Deus exaltava o poder do Pai (1Crônicas 25.5).

Hoje em dia, muitas divisões são feitas dentro do corpo de Cristo com relação a músicos e a escolha de estilos musicais. Precisamos acabar com esse mito e buscar o modelo original. Quão maravilhoso será termos muitas escolas de profetas, mas com enfoques diferentes! Alguns buscarão modelos e os transformarão em cânticos espontâneos como Asafe. Outros, ainda, profetizarão com o povo de Deus em gratidão e honra a ele. Outros abrirão novos caminhos e entrarão no meio das trevas, brilhando com a luz de Cristo e fazendo soar a música de Deus que sara, liberta e salva o que está perdido, exaltando o poder de Deus em lugares hostis. No entanto, ainda que o enfoque seja diferente, o treinamento e o propósito têm que ser os mesmos: profetizar até que todos os homens busquem o Senhor.

5. Mover-se sob autoridade espiritual

Às vezes, confundimos liberdade com libertinagem. Hoje, com o novo fluir de Deus que está sendo liberado sobre as igrejas com a intenção de desfazer estruturas, alguns perdem completamente o sentido do corpo e da autoridade que Deus deixou estabelecidos. O fato de ser espontâneo não quer dizer que sejamos desordenados.

Vejamos o exemplo de Davi: Sob uma hierarquia espiritual, ele ministrava entre os homens o que era celestial. Os filhos estavam debaixo das ordens de seus pais, e os pais, Asafe, Jedutum e Hamã, debaixo das ordens do rei, e todo o povo se submetia ao que eles ministravam. Ter amor pela submissão sempre será um princípio do Reino de Deus, que nada tem a ver com manipulação ou controle. Tem a ver com o fato de que devemos entender que Deus é organizado e gosta das coisas feitas de determinada maneira, a fim de que ele sinta prazer nas nossas atitudes.

Precisamos aprender a trabalhar em equipe e, debaixo de submissão, ouvir e receber instruções. Se o pastor ou o líder que preside uma reunião determina um horário, temos que respeitá-lo. Os movimentos do Espírito acontecerão de acordo com a norma do culto. Obviamente, eu prefiro que os líderes digam: "Que o Espírito faça o que quiser e quando quiser". Então, teremos a verdadeira liberdade!

6. Ser instruídos

> Eles e seus parentes, todos capazes e preparados para o ministério do louvor do SENHOR, totalizavam 288. (1Crônicas 25.7)

Temos visto tanto desequilíbrio que, às vezes, custa-nos imaginar que há algo sendo bem feito. Mas é possível conseguir a combinação que agrada a Deus: excelência tanto na parte técnica quanto na parte espiritual. Parece que a história se repete. De um lado, estão os músicos profissionais, que são excepcionais em tudo o que fazem, mas não se submetem, são rebeldes e espiritualmente frios e sem compromisso com Deus. Do outro lado, estão os de "bom coração" que se consagram e buscam a Deus, mas não sabem afinar, não sabem tocar (ainda que façam tudo "para a glória de Deus"). Mas a restauração começou e já estamos vendo os reflexos do retorno a esse equilíbrio.

Em nossa equipe, por exemplo, temos o testemunho do "Chapu", nosso guitarrista e produtor. Ele estudou na Argentina, nos Estados Unidos, participou de muitas produções seculares e, pelo nível que alcançou, poderia tocar qualquer estilo musical.

Há alguns anos, ele teve um forte encontro com Deus, e o Espírito o levou a purificar seus ouvidos e a entrar em uma dimensão de pureza, a ponto de produzir coisas totalmente originais.

Ele se afastou da música por um ano. Quem gosta de música, sabe quanto isso custa! Mas Chapu determinou-se não escutar nada que não edificasse seu espírito. A consequência foi que, depois desse período de abstinência, ele começou a descobrir novas harmonias e a tocar coisas que ainda não havia aprendido. Temos ouvido testemunhos de pessoas que escutaram a voz de Deus e som de anjos por meio de sua guitarra.

Deus está despertando uma nova classe de músicos que terá todo o conhecimento natural e também treinamento profético para executar algo além do natural: trazer a pureza do céu que destrói a confusão deste sistema. Mais uma vez, prevalece a palavra: "O que é nascido de Deus vence o mundo [...]" (1João 5.4).

7. Diante de Deus, somos todos filhos

> Então tiraram sortes entre jovens e velhos, mestres e discípulos para designar-lhes suas responsabilidades. (1Crônicas 25.8)

Vemos aqui um ensinamento formidável para os nossos dias. Diante da presença de Deus, não há títulos, nem *status*, nem hierarquia. Há somente filhos.

Estamos cansados de ver distinção entre os do palco e os do "público". Não há lugares preferenciais diante do trono. O que se aproxima garante proximidade com Deus.

Fico feliz quando fazemos noites de intimidade com Deus e as pessoas vêm à frente adorar e se misturam com os pastores, com os líderes e com todas as pessoas. Vemos, então, a imagem do que o versículo quer ressaltar. Intimidade não diz respeito a currículo ou antecedentes ministeriais; apenas tem a ver com o nível de adoração apaixonada.

A lei é simples: "Aproximem-se de mim, e eu me aproximarei de vocês", diz o Senhor. A porta está aberta para todos, e o mais faminto e o mais sedento seguramente chamarão a atenção do Senhor, e serão saciados.

Os pastores que querem ver a habitação de Deus em suas cidades, começando pelas celebrações nas igrejas, devem primeiro ser exemplo como pais espirituais. Não há como dizer a esta geração "façam o que eu digo, mas não façam o que eu faço". Todos aprendemos com o que vemos. Se Deus deu a você uma posição de liderança em qualquer nível, na igreja, em uma empresa ou na sua casa, é necessário saber que o nosso discurso precisa ser um reflexo fiel do que somos.

Adore apaixonadamente, sem se importar com a aparência da posição, e todos ao seu redor serão contagiados.

É maravilhoso ver o modelo de adoração celestial de Apocalipse 4. De repente, aparecem em cena 24 anciãos que são dignos de ter trono e coroa nos céus. Eles representam toda a liderança da humanidade: as 12 tribos e os 12 apóstolos. Apesar de terem uma posição de privilégio, quando olham as ações do que está assentado no trono e do Cordeiro, prostram-se e retiram sua coroa diante dele.

Na adoração diante do trono, todas as hierarquias e posições se misturam com um só objetivo: dar prazer ao Rei dos reis. Devemos fazer aqui como é feito no céu, devemos ser livres dos acréscimos e aprovações dos demais e ser extravagantes diante do amor irresistível de Deus, sempre levando em conta que alguns são íntimos não porque são preferidos, mas porque são mais apaixonados.

Ao que muito é perdoado, muito ama. Quanto mais acesso ao trono, maior o desejo de adorar, sem se importar com nada ao redor. Todos os que estiverem em volta se unirão ao ver a imagem do amor em nós.

Precisamos nos arrepender para viver o Reino dos céus aqui e agora (Mateus 4.17). Arrependimento não quer dizer reconhecer erros e chorar no templo; arrependimento vem da palavra original *metanoia*, que significa mudar a forma de pensar.

Este é o tempo de mudar do levítico para o profético e, com a mente de Cristo, ver o propósito cumprido: que todos os homens busquem o Senhor.

GINOSKO

Conhecimento

1. Encontre pelo menos três versículos na Palavra que associam a música à palavra profética.

2. Escreva que mudanças são necessárias na sua forma de pensar para poder mudar do levítico para o profético.

3. Comente as características de um profeta na nova aliança.

Experiência

- Separe um tempo na presença de Deus para ouvir a voz dele, porque o ouvido é o instrumento principal de um profeta. Peça ao Espírito Santo que ative os seus sentidos espirituais e o dom profético (segundo o modelo de 1Coríntios 12 e 14).

Observação: Jesus também era profeta, e seu segredo era fazer o que via o Pai fazer e dizer o que ouvia o Pai dizer (cf. João 5.19,20).

Capítulo 5

Buscando o sorriso de Deus

Depois de saber que um ministro muito ungido abandonou o ministério por causa de um pecado, um amigo me disse uma frase que foi uma revelação para mim e que, com o tempo, transformou-se em uma convicção: "Ser usado não significa ser aprovado".

Comecei a aprofundar esse conceito na minha vida. Todos os dias, busco ter a aprovação de Deus no que estou fazendo. Quero a aprovação dele mais do que os aplausos das pessoas e tudo o que o mundo possa me oferecer. Em Mateus 7.21-23, Jesus diz uma verdade que nos faz refletir:

> "Nem todo aquele que me diz: 'Senhor, Senhor', entrará no Reino dos céus, mas apenas aquele que faz a vontade de meu Pai que está nos céus. Muitos me dirão naquele dia: 'Senhor, Senhor, não profetizamos em teu nome? Em teu nome não expulsamos demônios e não realizamos muitos milagres?' Então eu lhes direi claramente: Nunca os conheci. Afastem-se de mim vocês que praticam o mal!".

Pergunto a mim mesmo: e, se eu passar toda a minha vida servindo a Deus e sendo usado por ele para profetizar, expulsar demônios, curar enfermos e, de repente, no fim da minha vida, Deus disser que não me conhece? Como isso pode acontecer?

A única explicação que tenho é uma imagem que vem à minha mente: a mão de Deus sobre mim por ter a salvação e a graça dele. Mas sua face se esconde. Não pode me ver, nem me conhecer. Tudo por causa das minhas falhas, dos meus erros de caráter que não foram tratados e da minha tolerância ao pecado.

Há um segredo tremendo na busca pela face de Deus. Porque na face de uma pessoa encontramos a aprovação, que se reflete em seu sorriso. Davi, o ser humano que optou por ter o coração do Pai, disse:

> A teu respeito diz o meu coração:
> Busque a minha face!
> A tua face, SENHOR, buscarei.
> Não escondas de mim a tua face,
> não rejeites com ira o teu servo;
> tu tens sido o meu ajudador.
> Não me desampares nem me abandones,
> ó Deus, meu salvador! (Salmos 27.8,9).

Davi sabia que podia viver sem o reino, sem a coroa, sem as riquezas, sem o palácio e sem nada do que Deus lhe tinha dado, mas não podia viver sem a presença do Pai. Ele sabia que a aprovação de Deus não estava nas coisas que possuía, mas, sim, em que Deus inclinasse sua face e estivesse atento a ele.

Na face de uma pessoa estão representados os cinco sentidos. No rosto estão as capacidades de ver, ouvir, cheirar, degustar e sentir. Pelo rosto já podemos saber como está uma pessoa e o que ela quer.

QUANDO DEUS "ESCONDE SUA FACE"

Há uma expressão na Argentina que deixa bem clara a importância do rosto. Quando uma pessoa não quer falar com a outra e quer deixar visível que está incomodada e chateada, usa-se a expressão "cortou-lhe o rosto", cujo significado é não dar atenção a uma pessoa, ignorar ou tratar o outro com indiferença.

O mesmo acontece com Deus em relação a seu povo. Ele nunca deixou de amar Israel, mas havia momentos em que "escondia sua face" das coisas que faziam e dos pecados que cometiam. Sei que é um conceito da antiga aliança, mas a essência é a mesma hoje.

Há vezes em que Deus não olha para nós em razão do confiarmos mais na carne do que em seu Espírito, por valorizarmos mais suas manifestações do que sua pessoa. Há pessoas que podem sobreviver somente com as migalhas que caem da mesa do Pai, ou seja, suas manifestações e seus sinais. Mas, hoje a demanda é diferente: precisamos de pessoas que vivam à luz da face do Pai e que não troquem a companhia dele por nada neste mundo.

Parece-me que, hoje em dia, as ações dos homens levam mais o Criador a esconder a face do que exibir um sorriso. Imagino que o coração do Pai deve doer ainda mais quando os que se dizem seus filhos se esquecem de tudo o que fazem, e o fazem diante de sua face.

Você e eu sabemos que, muitas vezes, é melhor que Deus esconda de nós sua face que ver o que estamos fazendo quando ninguém está olhando. Mas isso vai mudar! Aproxima-se o tempo em que um "remanescente" na terra viverá na dependência do sorriso de Deus e da aprovação que vem do céu.

Há pessoas que dependem da aprovação dos outros ao redor. Estão sempre dependentes do que pensam os demais a respeito de sua imagem, sua roupa, suas palavras e suas ações, mas parece que, no fundo, não se importam em ter aprovação da parte de Deus. Eu mesmo, por muito tempo, fui adepto da aprovação das pessoas. Quando terminava de cantar ou de tocar, esperava que os líderes ou as pessoas que participaram do evento se aproximassem e me dissesse: "Nossa! Como foi bom!". Então, ficava satisfeito. Mas, quando ninguém me dizia nada, me sentia mal, com se tivesse falhado.

O meu conceito mudou ao entender o poder do sorriso de Deus. Em muitos momentos, as pessoas ficam impressionadas com os presentes e o "mover" das canções, mas Deus não esteve perto, tampouco desfrutou, porque o foco estava nas pessoas.

Hoje, após cruzar a linha do lugar secreto, sempre que termino de ministrar em público, vou correndo para os braços do Senhor e pergunto se ele gostou. Só fico satisfeito quando sinto suas mãos afagando as minhas costas, como se me dissesse: "Obrigado! Eu desfrutei".

Essa é a verdadeira bênção, e ela está totalmente relacionada com a reação da face de Deus para tudo o que foi criado.

> "O Senhor te abençoe e te guarde;
> o Senhor faça resplandecer
> o seu rosto sobre ti e te conceda graça;
> o Senhor volte para ti o seu rosto
> e te dê paz." (Números 6.24,25)

Quando é que vemos um rosto resplandecer? Quando ele está radiante, alegre! E o grande sinal de felicidade e aprovação é o sorriso.

Apesar de sermos salvos e conhecermos o sacrifício de Cristo na cruz, seguimos pecando (errando o alvo, atentando contra a nossa própria natureza). Mas sua mão de amor permanece sobre nós, embora sua face se esconda. Ele deixa de nos olhar, e nós deixamos de conhecer mais de sua profundidade, estagnando-nos no que sabemos e provamos dele.

Contudo, os sinais continuam seguindo os que creem. Então, há muitos que, por terem recursos financeiros, ou porque são usados na pregação, na cura ou na música a Deus, acreditam que tudo vai bem, ainda vivendo uma vida dupla, marcada por suas fraquezas de costume. Ainda usam "desculpas bíblicas" para tranquilizar a própria consciência, mas cheiram a morte por voltarem a cometer tudo o que Jesus declarou maldito na cruz. Isso é grave!

FAMOSOS NO CÉU

Muitas são as gerações perdidas. Pessoas que estão longe do avanço do propósito de Deus neste mundo; pessoas conhecidas diante dos homens, mas sem nenhum valor no mundo espiritual.

Aqueles que levam Deus a sorrir com as coisas que fazem, quer a sós quer em público, são os que se tornam famosos no céu e temidos no inferno.

O ideal é que, ao nos aproximarmos para adorar e entrar na dimensão de Deus, os anjos nos reconheçam, dizendo: "Deixe-o passar porque é o filho do Chefe!".

Onde você quer ser conhecido? Analise por um momento o seu verdadeiro estado atual: quando Deus olha para você, ele sorri de satisfação ou esconde a face por se assombrar?

Este capítulo tem a intenção de expor como podemos crescer para baixo: crescer nas raízes, nas convicções, no segredo e nas lutas diárias por meio do temperamento e das tentações.

CORTANDO O MAL PELA RAIZ

Muitas vezes, quando se fala de santidade na igreja de hoje, fala-se apenas em cumprir uma lista de coisas que "não" se devem fazer. Mas isso se aproxima mais de regras metódicas e legalistas do que da verdadeira santidade.

Santidade é conhecer o seu destino! Porque, quando você descobre para onde vai, você não terá nenhuma dificuldade de dizer não a outras opções que surgirem pelo caminho. Trata-se de saber purificar-se para cumprir o propósito.

> Portanto, "saiam do meio deles
> e separem-se", diz o Senhor.
> "Não toquem em coisas impuras,
> e eu os receberei" "e serei o seu Pai,
> e vocês serão meus filhos e minhas filhas",
> diz o Senhor todo-poderoso.
> Amados, visto que temos essas promessas, purifiquemo-nos de tudo o que contamina o corpo e o espírito, aperfeiçoando a santidade no temor de Deus. (2Coríntios 6.17,18; 7.1)

As passagens que foram citadas são chaves para compreendermos o propósito de Deus quanto à pureza. Sua promessa nunca foi nos visitar aos domingos ou de evento em evento, mas habitar entre nós. Por isso, ressalto a expressão "eu os receberei".

Para construir uma habitação para o Deus vivente em nós, é necessário purificar-nos do que contamina a carne e o espírito. Procurando viver à luz desses textos e almejando a habitação de Deus, comecei a perceber que há coisas que contaminam a carne, mas a raiz está no espírito. Se não tratamos a raiz, os frutos da carne florescerão, afetando a nossa conduta.

O pecado é o fruto da carne.
A rebeldia é o tronco da árvore.
A iniquidade é a raiz de toda maldade.

Vemos um Deus específico que, ao se revelar a Moisés, mostra também como funciona em sua integridade.

> "Senhor, Senhor, Deus compassivo e misericordioso,
>   paciente, cheio de amor e de fidelidade,
> que mantém o seu amor a
>   milhares e perdoa a maldade,
> a rebelião e o pecado.
> Contudo, não deixa de punir o culpado;
>   castiga os filhos e os netos
> pelo pecado de seus pais,
>   até a terceira e a quarta gerações." (Êxodo 34.6,7)

Deus perdoa os pecados. Mas não faz apenas isso. Ele é específico quando fala de pecado, rebeldia e iniquidade. Assim como as bênçãos têm que ser especificadas exatamente da forma como as queremos, da mesma maneira as maldições devem ser combatidas com "remédios" específicos. Contudo, muitas vezes, por não conhecermos a raiz da maldição, seguimos cometendo os mesmos erros, vivendo ciclos de maldade por toda a vida.

Antes de falar dos efeitos da maldade e de como funcionam, quero mencionar que, antes de surgir um problema, Deus já tem a solução e um escape. Jesus levou sobre si não só as nossas enfermidades, como também todo pecado, toda rebeldia e toda iniquidade (Isaías 53. 4-12). A obra da cruz foi completa e nos trouxe liberdade física, de dentro para fora, além de nos libertar na alma e no espírito.

O pecado está relacionado ao corpo e afeta o corpo.
A rebeldia está relacionada à alma e afeta a alma.
A iniquidade está relacionada ao espírito e afeta o espírito.

Há muitos anos, ouvimos sobre a lista de pecados (Gálatas 5; Colossenses 3). Continuam sendo os mesmos. Às vezes, parece que somos muitos ingênuos, pois sempre caímos nos mesmos pecados. Precisamos andar na luz e ser mais radicais na nossa postura. Radical não tem nada a ver com coisas externas, mas com a raiz. Tem a ver com arrancar o pecado pela raiz. Por isso, se identificarmos o mal na raiz e o extirparmos, deixarão de existir os frutos da maldade.

A rebeldia é um instrumento do Inimigo para aprisionar o ânimo de gerações inteiras. Precisamos erradicá-la do nosso interior urgentemente. Dar fim a toda síndrome de Lúcifer, uma síndrome que afeta a todos os que têm chamados e ministérios expostos.

O nome Lúcifer vem de "anjo de luz". E ele se agrada em ver os seres humanos fascinados com as "luzes" e estar em evidência. Cuidado! Outra raiz que ele espalha entre as pessoas é a inveja. A inveja não é apenas desejar mal a outra pessoa. Inveja é aquele sentimento ruim que alguém experimenta quando não pode desfrutar do que o outro tem.

Lúcifer era considerado o líder da adoração no céu. Era dele que saía a direção quanto a música celestial e a orientação dos movimentos até Deus Pai. Mas ele não soube desfrutar de sua posição, não soube desfrutar de sua identidade e começou a ambicionar o que não foi criado para ser. Em decorrência dessa ambição equivocada, perdeu seu lugar na eternidade.

Ele conseguiu pôr a mesma semente em Eva, quando lhe fez duvidar de sua identidade e sua importância diante de Deus. Ele a fez desejar o que não podia.

Com exceção de um fruto, Adão e Eva podiam aproveitar os demais frutos do jardim do Éden. Mas eles não souberam desfrutar do que podiam e, ao darem ouvidos a Satanás (aquele que apresenta uma versão contrária à vontade de Deus), passaram a desejar o que não podiam ter. Disso se trata a rebeldia.

Algo importante a ressaltar é que Caim e Abel foram a primeira geração a nascer depois que o homem perdeu seu lugar com o pecado e sua atitude. Portanto, ambos nasceram com essa árvore de maldade interior, que foi crescendo, tendo como tronco a rebeldia de Caim, que por inveja perseguiu Abel, culminando com o fruto do pecado em forma de assassinato.

Na primeira família constituída, vemos muito bem como funciona a iniquidade, que é como um DNA espiritual que se transmite de pai para filho e, assim, sucessivamente. Um código genético de maldade que permite que esta cresça no interior do ser humano até culminar em diferentes frutos da carne.

O HÁBITO DA CONFISSÃO

Por revelação, Davi se deu conta de como atuava a árvore da maldade e arrancou sua raiz com uma arma poderosa: a confissão.

O salmo 51 foi escrito pelo mesmo Davi, depois que ele cometeu adultério com Bate-Seba e de ter idealizado o assassinato do marido dela. Ele mesmo escreveu o salmo para que todos se inteirassem de que era digno de arrependimento.

O extraordinário é que ele foi específico ao separar o pecado, a rebeldia e a iniquidade. Leia com atenção:

> Tem misericórdia de mim, ó Deus,
>   por teu amor;
>   por tua grande compaixão
>   apaga as minhas transgressões.

> Lava-me de toda a minha culpa
> e purifica-me do meu pecado (Salmos 51.1, 2).

Não era o caso de simplesmente dizer "perdoa todos os meus pecados", mas de confessar o que o estava afetando de dentro para fora. No versículo 5, Davi revela um segredo geral importantíssimo:

> Sei que sou pecador desde que nasci;
> sim, desde que me concebeu minha mãe.

Eu acredito, assim como alguns colegas teólogos, que Davi era filho bastardo de Jessé, ou seja, ele foi gerado com outra mulher que não era a mãe dos demais irmãos. Por isso, quando Samuel chamou os filhos de Jessé, Davi não foi chamado, ficou cuidando das ovelhas. Apesar de todo esse desprezo, Deus o encontrou por detrás das ovelhas para transformá-lo em rei.

Conforme esse entendimento, Davi reconheceu a raiz de perversidade sexual que estava em sua vida, que viera desde a forma em que ele fora concebido. Ele, então, fez essa confissão, o que significa trazer à luz e cortar toda a maldição em sua vida e em suas gerações.

Precisamos desenvolver o bom hábito da confissão; que não seja apenas em um acampamento ou retiro, fruto de algo emocional, mas de forma consciente. Uma confissão falada ou escrita, tipo carta ou documento, que fique como registro daquilo de que estamos nos desprendendo.

Com base nesse entendimento, o primeiro passo a ser tomado é dedicar tempo para refletir: Que pecados você insiste em cometer constantemente? Que ciclos de maldade se repetem na sua vida e na sua família?

Por exemplo: vícios, abusos, perversões sexuais, fraudes financeiras etc. É questão de investigação histórica e revelação do Espírito. Ao trazer luz ao assunto, corte-o pela raiz por meio da confissão. Se for necessário, peça perdão a quem precisar. É assim que se cortam as ataduras da alma, que se mata o orgulho que alimenta a rebelião e a inveja, e também que se arranca definitivamente o ciclo de frutos da carne.

Limpe-se de toda contaminação, do corpo e do espírito, que o impede de ser habitação de Deus. Se tivermos bem claro o propósito, o processo se torna mais fácil. Já não se trata mais do que não fazer, mas de procurar ser puro para provocar o sorriso daquele que já morreu pelos nossos pecados, que destruiu a rebelião e arrancou a iniquidade, santificando-nos em corpo, alma e espírito por ele e para ele.

PROCESSO DO AZEITE VIRGEM

Após o tempo de confissão e purificação, não significa que não seremos mais tentados ou levados a cometer erros. Pelo contrário, o Inimigo fará de tudo para tentar plantar outra semente de maldade em você para poder perpetuar seu plano de trevas nas suas gerações. E aí começa o processo de formação de caráter e de convicções, que são novas raízes a ser plantadas no nosso interior capazes de produzir os frutos do Espírito diariamente.

Sinto que Deus está cansado de depositar seu peso de glória em vasos que se rompem por falta de caráter. Por isso, para evitar a perda de gerações, temos que focar não só as manifestações e os resultados de sua presença, mas principalmente atentar em o que podemos fazer para sustentar tudo o que ele nos dá. Assim, o que recebermos dele vai durar por toda a vida. Não será apenas mais um avivamento passageiro.

Aprendi que todo ser humano que chega ao êxito sem ser "processado" se corrompe. O processo é necessário para cumprir determinado propósito. Como aconteceu com Israel:

> EGITO ➜ DESERTO ➜ TERRA PROMETIDA

Não quero focar o sofrimento do famoso "deserto", e, sim, que esse foi apenas um processo de transição para chegar a um propósito. Por exemplo, tomar um suco de laranja em um dia de muito calor é bom! Mas quem pensa no processo de transformação pelo qual passa a laranja até nos chegar em forma de suco? Ninguém! No entanto, é necessário pensar.

Primeiro, plantam a semente, e esperam que a árvore cresça. Depois que o fruto cresce, arrancam a laranja e a levam para ser "processada". Retiram as folhas e a casca. Depois espremem a fruta e, a partir daí, surge o suco. Em alguns casos, como sabemos, ele ainda tem de passar pelo processo de industrialização. Ou seja: o suco é colocado em uma caixa e, só depois, chega ao mercado ao qual temos acesso. Num dia de calor, finalmente podemos desfrutar do sabor, da vitamina C e de tudo que há na laranja.

Para nós, migrar do Egito para Israel representa a salvação. Foi pela graça e pela poderosa mão de Deus, por meio de milagres indubitáveis que comprovaram a glória do Libertador, que alcançamos a salvação. O deserto serviu para tirar o Egito que estava dentro dos israelitas antes de entrarem em seu destino de glória: a terra prometida.

Aplicando esse conceito aos dias de hoje, podemos dizer que existe um processo de salvação, inaugurado por Cristo, na cruz, para nós, mas também há um processo de propósito que inclui uma responsabilidade pessoal.

Sinto dor só em pensar que muitas gerações morreram salvas, mas no deserto. Ou seja: viram milagres, participaram de cultos, de eventos, de congressos, evangelizaram outros, mas não cumpriram o propósito para o qual Deus os trouxe a este mundo. Em muitos casos, porque se conformaram com a salvação; em outros, porque tomaram atalhos para fugir do processo e do preço a pagar pelo propósito definido por Deus.

Todos querem ser o suco de laranja, mas ninguém quer ser exprimido. Eu também não, embora seja necessário para matar o sistema mundano que temos dentro de nós antes de entrar na plenitude do que Deus planejou para nós aqui.

A salvação não é o destino final, mas, sim, a porta de entrada para que entendamos que Deus nos salvou para cumprir seu propósito enquanto vivermos. Alguns viram a "terra prometida" como o céu, mas naquele lugar havia gigantes, e era necessário pelejar para se manter vivo. No céu, não é assim. Essa terra prometida é hoje o lugar que temos que conquistar aqui e agora, para viver em uma dimensão de milagres e em contato com Deus permanentemente.

Em 2008, quando fui a Israel, aprendi em Cafarnaum como se fazia o azeite virgem antigamente. E, ao entender isso, o Espírito Santo me deu uma lição sobre processo.

AZEITE VIRGEM

1) A semente é plantada na terra.
2) A semente explode de dentro para fora, e o que parecia seco e sem vida, ao receber água, começa a desabrochar.
3) O contato com a água a faz crescer até se tornar árvore. Uma oliveira.
4) Com o tempo, começa a dar o fruto da oliveira.
5) Arranca-se o fruto da árvore.

6) Esse fruto é levado ao "pisoteador", lugar onde o fruto é pisado, triturado e despedaçado.
7) Do fruto esmagado, sai um líquido chamado azeite virgem.
8) Esse azeite é colocado em um recipiente apropriado e está pronto para ser usado.

Observe como se parece com o que necessitamos hoje para produzir "algo" original na terra.

UNÇÃO ORIGINAL

1) Antes, no mundo sem salvação, éramos como essa semente seca e sem vida, mas, ao recebermos Jesus e sermos introduzidos em seu Reino, encontramos identidade e aceitação.
2) Ao morrer para a vida de pecados e erros, começa a sair de dentro de nós algo novo que não imaginávamos que estivesse ali.
3) Temos contato com o Espírito Santo, como água viva fluindo do interior.
4) Começamos a crescer e a dar frutos no evangelho. Pregar, curar enfermos, profetizar, expulsar demônios, ou seja, nos sentimos usados por Deus. É nesse nível que muitos de nós pensamos que já estamos 100% prontos.
5) Mas é aí quando Deus se interessa mais por nós e nos quer incluir em seus planos pessoais com dimensões de Reino. Quando o Senhor vê um potencial em alguém, precisa prová-lo para ver se é um vaso de confiança que não se rompe por qualquer coisa. O primeiro a fazer é "arrancar" da árvore. Tirar da zona de conforto, comodidade e segurança pessoal. Como diz Abraão, assim se repete com todos os filhos da fé: " 'Saia da sua terra, do meio dos seus parentes e da casa de seu pai, e vá para a terra que eu lhe mostrarei' ".

O Senhor nos arranca dos nossos costumes e cultura para ter a cultura de Reino. Quando nascemos de novo no Reino, não renunciamos somente ao pecado, mas a toda a nossa vida passada, incluindo o patriotismo e tudo o que tenhamos aprendido anteriormente e que não esteja de acordo com seus princípios. E esse processo causa dor! É como cortar o cordão umbilical e deixar de depender de outros para entrar em uma nova etapa de maturidade.

Quando Deus tira o que cremos ser o nosso chão, não é para que caiamos e soframos. É para que descubramos que temos asas para voar. Mas é necessário ser arrancado da zona de conforto e se deixar levar pelas mãos do Criador.

6) Deixamo-nos moldar por meio de diferentes situações, o que para muitos pode parecer um retrocesso, mas são, na verdade, formas que Deus usa para mudar valores e afirmar convicções. Nos momentos de crise é que sai de dentro de nós quem realmente somos. É como se não tivéssemos um sofrimento geral, mas circunstâncias que esmagam o ego, o orgulho e a dependência das coisas materiais para que nada mais na terra nos impressione. Devemos somente obedecer à voz de quem realmente manda.

7) De todo esse processo de renúncia, sai um novo som, uma nova experiência, uma nova revelação, algo original que serve para restaurar muitos e sarar a terra. Azeite virgem, unção original. O que ninguém mais pode produzir sai de dentro dos que têm coração quebrantado. Porque Deus usa o quebrantamento para extrair o melhor que estava guardado em segredo no coração.

8) Depois de ser processado, Deus se encarrega de nos conectar com pessoas e lugares para derramar o fruto do processo e produzir avanços do macropropósito de Deus na terra: a restauração de todas as coisas!

CONCLUSÃO

Sabemos que Deus age em todas as coisas para o bem daqueles que o amam, dos que foram chamados de acordo com o seu propósito. (Romanos 8.28)

Tudo coopera para o bem: as coisas boas e as más que nos sucedem, não somente quando amamos, mas também quando estamos unidos a seu propósito. Entender para onde vamos e aonde queremos chegar nos fará desfrutar do processo de purificação e somente desejar produzir prazer ao Pai e fazê-lo sorrir nesta geração.

GINOSKO

Conhecimento

1. Busque pelo menos três exemplos na Bíblia de pessoas que foram chamadas por Deus para um propósito específico e que, ainda que fossem ungidas, não chegaram ao destino por falta de caráter. Foram usadas, mas não aprovadas.

2. Faça uma lista de todos os pecados que você cometeu e seus antepassados também. Busque a raiz do problema e confesse-os. Aproxime-se de um líder espiritual, traga tudo à luz e desfrute da pureza de Cristo.

3. Segundo o processo de produção de unção original, em que etapa você crê estar?

Experiência

• Separe um momento de intimidade com o Criador e permita que ele mostre um avanço do que você chegará a ser e fazer depois de ser processado.

Capítulo 6

Visitação *versus* habitação

Deus nunca prometeu nos visitar, porque visita é alguém que vem de vez em quando. A visita é agradável, faz o que tem que fazer, mas em seguida vai embora! Ao lermos a Bíblia com atenção, vemos promessas da habitação de Deus.

A criação do Éden destinava-se a ser o lugar onde Deus pudesse caminhar para estar conectado ao homem. Por isso, quando apareceu o pecado, Deus teve de colocar um querubim com uma espada de fogo para proteger o acesso ao lugar onde o celestial estava disponível ao ser humano.

Éden significa "lugar de delícias", e era justamente isso que Davi, milhares de anos depois, pedia a Deus em revelação: "Tu me farás conhecer a vereda da vida [Jesus é o caminho de regresso à árvore da vida], a alegria plena da tua presença, eterno prazer [delícias] à tua direita" (Salmos 16.11).

Como voltar a esse tempo de habitação?

Tornando-nos irresistíveis a Deus.

Davi conseguiu cativar a atenção de Deus quando desejou que ele viesse habitar em seu meio e reinasse sobre todos e tudo. Pelo nível das coisas profundas que escrevia e fazia, é muito provável que Davi tenha tido experiências celestiais. Como já disse antes, creio que um dia ele pôde ver o que João viu em Apocalipse 4: um trono estabelecido e quatro seres viventes ao redor dirigindo a adoração, 24 anciãos sentados em 24 tronos, miríades de anjos cantando dia e noite, criando, assim, o ambiente correto para que Deus reinasse.

Imagino que Davi pensou que pudesse desenvolver, aqui o mesmo modelo feito no céu assim como Deus habita e reina no céu, ele também poderia habitar e reinar na terra. Mil anos antes de Jesus, Davi entendeu o Pai-nosso: " 'Venha o teu Reino; seja feita a tua vontade, assim na terra como no céu' ".

Como já vimos, Davi colocou a arca do pacto no meio, representando a presença manifesta do Rei dos reis. Ordenou a Asafe, Hemã e Jedutum (cf. 1Crônicas 25.1) que junto com suas famílias dirigissem a adoração que desse prazer a Deus. Todas as tribos estavam divididas em turnos para "manter" a presença de Deus na terra. Dia e noite, vinte e quatro horas, sete dias por semana, adorando sem parar, fazendo assim na terra como no céu. E o resultado foi o Reino de Deus na terra. Durante o reinado de Davi, ninguém pôde derrotar Israel, não havia enfermidades entre o povo (a não ser por pecados individuais), e eles foram bem-sucedidos em tudo que fizeram.

Seguindo a minha mente fértil, imagino Davi caminhando por Israel depois que a adoração vinte e quatro horas por dia, todos os dias da semana, já funcionava em âmbito nacional. Então, Davi escreveu: "Tu és santo. Tu que *habitas* entre os louvores de Israel".

Ressalto "habitas" porque, muitas vezes, lemos essa passagem e não entendemos a dimensão do que ela significa. Davi conseguiu que Deus se mudasse para viver com eles em uma terra cheia de limitações e imperfeições. O que acontece é que a adoração e o estilo de vida de Israel tornaram-se irresistíveis ao Criador do Universo. Davi encontrou o ponto vulnerável do Todo-poderoso e o capturou com suas próprias promessas.

Como consequência por obedecer a seus mandamentos, Deus disse:

> "Estabelecerei a minha habitação entre vocês e não os rejeitarei. Andarei entre vocês e serei o seu Deus, e vocês serão o meu povo" (Levítico 26.11,12).

Esse mesmo texto é citado em 2Coríntios 6.16, que diz que hoje nós somos o templo vivo de Deus:

> Que acordo há entre o templo de Deus e os ídolos? Pois somos santuário do Deus vivo. Como disse Deus: "Habitarei com eles e entre eles andarei; serei o seu Deus, e eles serão o meu povo" (2Coríntios 6.16).

O capítulo seguinte nos dá a chave para essa habitação permanente:

> Amados, visto que temos essas promessas, purifiquemo-nos de tudo o que contamina o corpo e o espírito, aperfeiçoando a santidade no temor de Deus (2Coríntios 7.1).

BANDA LARGA COM O CÉU

O tema "habitação" trata de mentalidade. Por muitos anos, imploramos pela visita de Deus, e foi o que aconteceu? Recebemos avivamentos passageiros, grandes sinais e prodígios, de curta duração. Parece que a ideia de nos encontrarmos com Deus "eventualmente" ficou arraigada em nós, só aos domingos, de congresso em congresso. Custa-nos ter em mente o conceito de habitação vinte e quatro horas por dia, todos os dias da semana.

É como a conexão com a internet. Antigamente, havia dois tipos de conexão, que expressam bem a realidade dos filhos de Deus. Uma era a conexão discada, uma forma de se conectar à rede com um provedor por telefone. Era a forma mais demorada. Alguns ruídos estranhos se ouviam, precisava-se de muito tempo, muita paciência, e depois a conexão era estabelecida, por pouco tempo. Em caso de temporais, ventos ou qualquer limitação meteorológica, a conexão caía em um piscar de olhos.

Assim são muitos cristãos que precisam de um evento barulhento, um convidado especial que venha de longe e grite por você, que o anime, que o agite, que cante muitas músicas, faça muitas pregações, tenha muito "fogo", e depois finalmente um pouco de conexão.

Em momentos assim, você se sente no céu, sente-se muito espiritual, a ponto de querer que ninguém o toque. Mas, poucos dias após o evento, surge uma dificuldade, uma tempestade e de repente a conexão se vai novamente; e você volta a ser o mesmo de antes.

Deus, porém, está despertando aqueles que terão "banda larga" com o céu, os que estarão todo o tempo *on-line* com Deus, num lugar onde nunca se perde a conexão. Essa é mentalidade de habitação! Não há separação entre o espiritual e o secular, Deus é tudo em todos e em todo o tempo.

Não precisamos de uma campanha especial, uma cruzada de milagres, um convidado que venha de outro país para que vejamos sinais e providências; pelo contrário. Quando entendermos que somos habitação de Deus e que basta crer, entenderemos o versículo "[...] Estes sinais acompanharão os que crerem".

Nas casas, nas ruas, no trabalho, na escola onde você estiver conectado, vai ver o que significa ter a glória de Deus habitando com você. Um brilho constante no rosto, o perfume de Cristo impregnado, e todos os que estiverem próximos de você se darão conta de que, não importa a situação, o lugar ou a circunstância, o seu Deus é real e presente.

Se prepararmos um lugar, ele ficará!

Um exemplo a respeito do que significa ser "uma pessoa que compreende os tempos" aparece em 2Reis 4.8-37. Trata-se de quatro personagens:

- Eliseu: representa o próprio Deus.
- A sunamita: a figura da mulher é uma alegoria da igreja.
- O marido da sunamita: representa uma alegoria do espírito religioso.
- O filho: é o fruto da intimidade com Deus.

Quando se repartiram as terras para as tribos de Israel, a parte de Suném foi destinada à tribo de Issacar. De modo que os "sunamitas" eram os que compreendiam os tempos e que, portanto, sabiam o que Israel deveria fazer.

Essa história representa uma igreja que compreende os tempos, que recebe a visita de Deus em sua casa por meio de Eliseu. Sempre que o servo de Deus os visitava, eles eram abençoados. Então, a mulher pensou: "Se sua visitação traz bênçãos, como seria se ficasse conosco para sempre?".

Ela propôs ao marido (de quem a única referência que se tem é que era velho): "Vamos fazer uma reforma na nossa casa!".

Coloco-me no lugar do homem já de idade e imagino que, depois que tudo está acomodado em sua vida, é muito difícil querer mudar. Mas a mulher estava decidida. Preparou um lugar para Deus em sua casa. Fez uma habitação com:

1. Cama. Um lugar de repouso. Às vezes, só damos trabalho a Deus. Pedimos, pedimos e pedimos, mas, quando Deus encontra um lugar onde pode repousar, ele vem e fica.

> "O céu é o meu trono;
> e a terra, o estrado dos meus pés.
> Que espécie de casa vocês me edificarão?
> É este o meu lugar de descanso?
> Não foram as minhas mãos que fizeram todas essas coisas,
> e por isso vieram a existir?", pergunta o Senhor.
> "A este eu estimo: ao humilde e contrito de espírito,
> que treme diante da minha palavra." (Isaías 66.1,2)

O salmista Davi sabia que Deus gostava de estar no lugar de descanso, e não descansou até preparar esse lugar (v. Salmo 32).

2. Mesa: É o objeto que representa tanto onde nos alimentamos como o lugar onde se tomam decisões e se planejam projetos.

Lembro-me do trecho bíblico que mostra Jesus falando à igreja de Laodiceia:

> "Eis que estou à porta e bato. Se alguém ouvir a minha voz e abrir a porta, entrarei e cearei com ele, e ele comigo" (Apocalipse 3.20).

Entrar, sentar-se à mesa e cear fala de um ato de intimidade. Com quem você compartilha a mesa, também compartilhará a sua vida. E o famoso salmo 23 diz:

Preparas um banquete para mim
à vista dos meus inimigos.
Tu me honras, ungindo a minha cabeça
com óleo e fazendo transbordar o
meu cálice (v. 5).

Aqui, a mesa aparece como lugar de ministração e repouso diante das angústias que podem nos perseguir, mas também como lugar de estratégias para uma guerra eficaz.

Precisamos preparar uma mesa de intimidade com Jesus, comendo o pão vivo de sua presença e bebendo o vinho novo. Mas também uma mesa onde vejamos seus planos e projetos para que sejamos cada vez mais eficazes no que fazemos.

3. Cadeira: lugar de autoridade

Precisamos sair da teoria e entrar na prática do que significa estar sentados com Cristo nos lugares celestiais. Chega de comer das migalhas que caem da mesa! Chega de se aproximar como servo, mas não como filho que tem direito a uma cadeira à mesa do Pai!

É tempo de desenvolver um alto nível de contato direto e revelação própria da pessoa de Deus e seus propósitos. Quando não temos luz própria, estamos sempre à sombra dos demais: um dirigente que nos guie na adoração, um pregador que nos faça escutar a voz de Deus.

Chegou, porém, o tempo de pagar o preço para que cada um tenha seu próprio candeeiro, ou seja, luz própria; em sua luz, veremos a luz.

Quando a sunamita preparou o lugar de repouso, Eliseu foi e ficou. Adoro pensar nisto: "e ficou". Aqui há uma lei espiritual;

Deus só ficará onde for bem recebido e se sentir bem, como se estivesse em casa!

No instante em que Eliseu se sentiu confortável e bem recebido, quis dar à anfitriã o que ela necessitava, mesmo que não tivesse pedido nada: foi curada da esterilidade e deu à luz um filho.

Vemos aqui uma realidade: ela tinha um marido e não disse que era estéril. Disse apenas que seu marido era velho. Isto é religiosidade: ser íntimo de alguém que não dá frutos é entrar em uma série de atividades que não produzem vida, apenas rotina. Mas, quando a mulher, que compreendia os tempos, preparou um lugar para Deus, recebeu o que a religião não pode produzir: frutos.

A criança cresceu e, conta a história, foi trabalhar com seu pai. Entrou em ativismo religioso. O resultado foi que sua cabeça começou a doer, e o pai entregou o filho à mãe. A religião faz assim: pensa que todos os problemas serão resolvidos na igreja ou em seus ajuntamentos. Mas não empurre os seus problemas familiares e pessoais para que os outros resolvam. Esses problemas, você tem que tratar na intimidade da sua casa. No caminho, o filho (fruto da intimidade) morreu.

Em outra cena, aparece o profeta Eliseu. Ele se deitou sobre a criança, olho no olho, aquecendo sua boca, transmitindo calor a seu corpo e, de repente, o menino ressuscitou. Esse é o trabalho que o Espírito Santo está fazendo em contato com o seu corpo. É a intimidade com os desesperados em ressuscitar dons, talentos e chamados que haviam morrido em ativismos sem frutos.

Está chegando um tempo de habitação de Deus, por meio de pessoas que não têm nada a perder, pois já morreram para o sistema deste mundo e dizem: "Assim, já não sou eu quem vive, mas Cristo vive [habita] em mim".

O QUE PRODUZ A HABITAÇÃO?

Há um texto impressionante que dá uma dica muito importante sobre a habitação de Deus em nós:

> Quando subiste em triunfo às alturas,
>   ó SENHOR Deus, levaste cativos muitos prisioneiros;
> recebeste homens como dádivas,
>   até mesmo rebeldes, para estabeleceres morada
> (Salmos 68.18).

Esse texto fala da obra de Jesus ao ressuscitar e foi citado em Efésios 4.8. Depois explica que Cristo foi às partes mais baixas para tomar as chaves da morte e do inferno, prendeu quem nos prendia e desatou dádivas sobre seus filhos, para que soubessem criar um lugar para Deus aqui e agora. Isso quer dizer que Jesus nos tornou livres e nos deu dádivas não para ter ministérios famosos, encher os templos e estádios, mas para que os dons em conjunto produzam o corpo que Jesus necessita para caminhar entre os homens e reinar sobre todas as coisas.

Vamos unir os nossos dons de cura, discernimento, sabedoria, milagres a tudo o que venha do céu para fazer uma morada entre nós onde Deus se sinta bem.

Às vezes, nos acontece como aconteceu com os discípulos no caminho de Emaús (Lucas 24.13-35). Caminhamos com Jesus e não nos damos conta de que é ele que está ao nosso lado. A tristeza, a frustração e a religiosidade produzem cegueira espiritual. Mas uma coisa boa os discípulos fizeram: ainda que não vissem nada, podiam clamar e insistir: "Fique conosco".

E Jesus ficou, tornou-se íntimo deles e, no momento de partir o pão, seus olhos foram abertos. Ainda que você não esteja vendo nem sentindo nada onde está, levante um clamor desesperado: "Fique comigo, Jesus! Vem habitar aqui, não quero apenas uma visita!".

GINOSKO

Conhecimento

1. Qual é o segredo de uma habitação?

2. Que reformas você tem que fazer na sua mente para pensar em *habitação*, não em *visitação*?

3. Analise quais são os seus dons e como pode usá-los para criar uma morada para Deus no lugar onde você está.

Experiência

- Prepare um lugar físico na sua casa onde haja adoração contínua, que esteja ambientado com tudo o que Jesus gosta. Ainda que a sua família não creia em Deus, não deixe de ter esse lugar; você verá que, em pouco tempo, haverá diferença na sua casa.

Capítulo 7

Seduzidos pelo céu

Em um parque de diversões em Buenos Aires, há um jogo que me chama a atenção. Todos os adolescentes e jovens fazem filas gigantescas para entrar e jogar. Quis saber do que se tratava. Com certeza, era algo muito chamativo e divertido, já que era o jogo mais concorrido do parque. Para minha surpresa, descobri que o nome do jogo era "Inferno". Todos queriam ir ao inferno!

Incomoda-me muito que o sistema das trevas mostre o inferno como algo interessante e o céu como algo chato. Mas o que mais me aborrece é que é da Igreja a responsabilidade de fazer a terra conhecer o céu. O modelo de Deus para a igreja é que ela seja a casa de Deus, porta do céu. As pessoas têm que provar um pedacinho do céu quando estiverem no lugar onde nos reunimos para adorar a Deus!

Infelizmente, muitas vezes, as pessoas se reúnem apenas para cantar lindas canções, com um programa organizado e excelentes palavras de um pregador. Precisa haver algo mais!

A palavra "sedução" pode soar como algo ruim, mas um dos significados, segundo a Real Academia Espanhola, é "cativar o ânimo". O Diabo se encarregou de "cativar o ânimo" de gerações inteiras e tem usado muitas ferramentas para isso. Uma das principais é a música. A combinação de sons, ritmos, harmonias e melodias exerce um poder transcendental no ser humano, e ele sabe disso. Contudo, nós, muitas vezes, não usamos essa arma da forma correta.

Temos tido muitas mudanças na estrutura dos cultos nas últimas décadas, mas a música ainda tem sido apenas um entretenimento antes da exposição da Palavra. Um momento para "animar o público". Tenho escutado pastores dizerem que a pregação é o momento principal do culto e que a música serve para preparar o ambiente. Grande equívoco! O momento principal do culto não é o da exposição da Palavra, nem o ofertório, nem a música: o momento principal é a presença de Deus. Ele é o principal.

Tudo se ajusta a ele: pode ser que em algum momento ele tome as palavras ou use a comunhão, ou, como acontece muitas vezes, transmita seus sentimentos por meio da música. Em todo o tempo, Deus está falando e se comunicando. Devemos estar sempre sensíveis quando estamos dois ou três reunidos em seu nome, porque ele fará algo novo e extraordinário entre nós.

Necessitamos que a adoração seja um ponto de conexão entre o céu e a terra. As pessoas que se aproximam provarão de tudo o que cerca a pessoa de Deus e serão "seduzidas" por sua presença até que se tornem viciadas nas coisas do alto e livres do sistema opressor deste mundo. O objetivo é cumprir a oração diária que Jesus nos ensinou: " '[...] seja feita a tua vontade assim na terra como no céu."

ÊXTASE DIVINO

O Diabo não é criativo, ele apenas tem poder para copiar tudo o que Deus cria, por exemplo, o êxtase. É mundialmente conhecida a droga que produz alucinação e sentimentos de paz e amor profundos, cujo nome é Ecstasy, a droga do amor.

No entanto, quando seu efeito chega ao fim, a pessoa se sente pior do que antes. Alguns sentem até vontade de se suicidar por causa de sua realidade ou se tornam viciados na droga. Mas o verdadeiro êxtase aparece na Bíblia, em Atos 10, quando Pedro tem uma visão e experimenta essa mesma sensação de paz e amor profundos. A diferença é que esta é gerada pelo céu. Quando essa experiência acaba, a sensação continua no interior do ser humano e também nos tornamos "viciados", mas essa dependência é da pessoa de Cristo.

Quando provamos de Cristo, provamos de toda a realidade do céu, aqui e agora:

> [...] isto é, de fazer convergir em Cristo todas as coisas, celestiais ou terrenas, na dispensação da plenitude dos tempos (Efésios 1.10).

> Deus nos ressuscitou com Cristo e com ele nos fez assentar nas regiões celestiais em Cristo Jesus [...] (Efésios 2.6).

Um texto poderoso a respeito de como experimentar o que é celeste aqui e agora é João 14. Jesus disse a seus discípulos que ia preparar um lugar para eles estarem (futuro) onde ele, Jesus, está (presente). Jesus movia-se em duas dimensões: céu e terra ao mesmo tempo. Ele lhes disse que na casa do Pai há muitos aposentos (lugares celestiais), cujo caminho eles conheciam. Então, Tomé, que representa a incredulidade humana, perguntou: "Qual é o caminho?". Jesus disse o que todos nós sabemos na teoria, mas não conhecemos na prática:

> "Eu sou o caminho, a verdade e a vida. Ninguém vem ao Pai, a não ser por mim" (v. 6).

O céu não é um lugar físico para o qual iremos depois de morrer; o céu é um ambiente espiritual ao qual somente teremos acesso se estivermos unidos a Jesus. Porque em Cristo está disponível tudo o que é celestial e tudo o que é terreno. Jesus não é uma religião; ele é o caminho. Eis um dos princípios que Jesus ensinou e com ele enviou seus discípulos:

> "Por onde forem, preguem esta mensagem: O Reino dos céus está próximo" (Mateus 10.7).

Esta expressão me fascina: "Por onde forem". Indica que, enquanto caminhavam, iam levando o Reino dos céus, com sinais, prodígios e milagres.

A vida eterna não é depois da morte. Podemos desfrutar dela assim que começamos a caminhar com Cristo e nos aproximamos mais do Pai.

> "Esta é a vida eterna: que te conheçam, o único Deus verdadeiro, e a Jesus Cristo, a quem enviaste." (João 17.3)

BAIXANDO A MÚSICA DO CÉU

Tempos atrás, ministramos no Brasil com a equipe do Toma Tu Lugar. Lá conhecemos o Lúcio de Paula, um excelente baterista que se tornou um grande amigo meu e da equipe, a ponto de gravar conosco o primeiro CD do Toma Tu Lugar.

Um fato importante é que o Lúcio tem o ouvido espiritual aberto, ou seja, pode escutar os movimentos do mundo espiritual. Um dia, entramos em uma casa e, de repente, ele me disse que estava escutando a melodia celestial. Imediatamente, pegou a guitarra e tentou traduzir o que escutava. Começou a tocar a melodia, e eu comecei a rir.

Ele me perguntou se eu não cria que ele poderia ouvir os sons do céu, ao que respondi que cria sim, mas que a melodia que ele tocava era de uma canção que eu havia composto havia pouco tempo. Pensei que ele estava brincando comigo. Então, eu cantei a música *Te prefiero a ti*, e ele me disse: "É isso!". Rimos por um momento no Espírito e nos demos conta de que Deus estava nos ensinando algo com essa experiência.

Sem dúvida, Deus o fez escutar essa melodia, mas eu já havia feito uma canção com a mesma melodia. Então, me perguntei: até que ponto posso dizer que uma canção é minha? A partir desse momento, passei a entender que Deus nos empresta canções para que toquem a terra, mas que já são tocadas na eternidade. Algumas, é claro, nascem do nosso coração para ele. Mas as nascidas dele são sentidas quando sua presença acompanha o som emitido. "O que é nascido de Deus vence o mundo." (1João 5.4.)

Fico assustado só de pensar que há sons que cercam o trono de Deus e que, por meio de Jesus, que é o caminho, podemos trazê-los para cá. Uau! Imagine que podemos injetar um cabo no iPod de Deus e baixar as canções que gostamos de ouvir. Quando forem executadas na terra, virão carregadas da presença de Deus, que tudo transforma!

Chega de copiar as modas que surgem no mundo. Surge o *rock*, nós fazemos "*rock* cristão"; surge o *reggae*, nós fazemos *reggae gospel*. Basta! É tempo de trazer algo original do céu que o mundo, ao nos escutar, queira copiar e passe a desejar o que temos.

Insisto mais uma vez: tudo o que é nascido de Deus vence o mundo. Chegou a hora de vencer o sistema estabelecido!

Mas a ideia de trazer algo do céu à terra não se refere somente à música, mas a tudo o que for preciso. Quando Jesus disse que na casa do Pai há muitos aposentos, ou seja, muitos lugares celestiais, com certeza quis dizer que ali está a fonte de todas as coisas necessárias para nós aqui: música, arte, ideias criativas para empresas, estratégias de segurança ou ensino educacional, invenções de todo tipo, e muito mais do que podemos imaginar.

Um tempo atrás, tive uma visão muito nítida enquanto estava adorando. Vi um lugar imenso com muitos ambientes. Eram como quartos separados por estantes cheias de coisas a serem descobertas. Entrei em um desses quartos. Nas estantes, havia muitos livros em todo tipo de idioma e com todo tipo de conteúdo. Então, me dei conta de que era o quarto da sabedoria e que nesse lugar podia perguntar qualquer coisa, que eu obteria a resposta.

Entrei em outro quarto, e nas estantes havia partes do corpo humano. Sabia que era um lugar de cura, ao qual podia ter acesso e levar o que precisasse. Fui a outro quarto, onde havia todo tipo de notas e moedas correntes de vários países. Ali não foi preciso muito entendimento: percebi que era um lugar de riquezas.

Saí, e o que me chamou a atenção foi que olhei para um corredor que estava entre os quartos e não pude ver o final! Então, escutei uma voz que me disse: "Estes são os lugares celestiais. Se você crer, poderá visualizar; se você for capaz de ver, poderá levar o que quiser ao seu mundo".

Essa experiência foi extremamente marcante e me fez desejar muito mais as "coisas do alto", como disse Paulo em Colossenses 3.1.

Creio com todas as minhas forças que a porta está aberta para todos os que querem ter acesso a esses lugares. Cristo já abriu o caminho; portanto, podemos entrar por meio da fé, visualizar e trazer o que for para a nossa realidade. Tendo o entendimento dessa dimensão, poderemos ser muito mais eficientes quanto à revelação, à saúde e à provisão de todo tipo de recursos, vivendo na prática o que diz a Palavra:

Todavia, como está escrito: "Olho nenhum viu, ouvido nenhum ouviu, mente nenhuma imaginou o que Deus preparou para aqueles que o amam [...]" (1Coríntios 2.9)

No entanto, o versículo não termina aí; continua dizendo:

"[...] mas Deus o revelou a nós por meio do Espírito. O Espírito sonda todas as coisas, até mesmo as coisas mais profundas de Deus" (v.10).

Os que são íntimos do Espírito Santo podem entender as coisas além do que se vê e do que se escuta no mundo natural.

O EVANGELISMO DOS ÍNTIMOS

O livro de Cântico dos Cânticos tem um conteúdo altamente profético. Fala do romance de um rei e sua amada, gentia, o qual por amor a incluiu em seus planos. Salomão e sunamita representam Cristo e a Igreja! Precisamos voltar a ler Cântico dos Cânticos com olhos proféticos e entenderemos muito mais. Alguns leem esse livro apenas quando estão apaixonados e querem enviar uma mensagem de texto romântica à pessoa amada.

O livro começa com o clamor da noiva, algo muito revelador:

Ah, se ele me beijasse,
se a sua boca me cobrisse de beijos [...]
Sim, as suas carícias são
mais agradáveis que o vinho (Cântico dos Cânticos 1.2).

Os beijos falam de que a noiva não quer intermediários, tampouco simplesmente ler e estudar sobre o rei. Ela quer contato com seu amado. Portanto, devemos buscar o nosso Rei amado.

O vinho representa o gozo natural, mas seu amado é melhor que qualquer prazer da terra. Aí entra o elemento de sedução celestial do qual o nosso mundo necessita:

A amada
Leve-me com você!
Vamos depressa!
Leve-me o rei para os seus aposentos!

Amigas (Mulheres de Jerusalém)
Estamos alegres e felizes por sua causa;
celebraremos o seu amor
mais do que o vinho (v. 4).

Este é um segredo incrível!
A mulher é atraída, mas muitos correm até ele e entram em sua câmara secreta de amores.

Se conseguirmos esse nível de intimidade com o Rei amado, ele abrirá a porta de seus aposentos (lugares celestiais) e, depois de provarmos dessa dimensão, sairemos impregnados dele. Portanto, quem cruzar conosco será contagiado e atraído para ir a esse lugar secreto de amores. Este tem que ser o nosso clamor: "Leva-me para os seus aposentos de amor". E toda a geração ao nosso redor correrá para Deus e nos lembraremos do amor dele mais que dos prazeres terrenos.

Paulo disse:

> Mas graças a Deus, que sempre nos conduz vitoriosamente em Cristo e por nosso intermédio exala em todo lugar a fragrância do seu conhecimento [...] (2Coríntios 2.14).

O nosso triunfo é ter o perfume de Cristo impregnado em nós, o que só acontece quando temos contato com ele. Vai muito além da teoria; mais que ler ou estudar seu livro, é ser íntimo com o Rei em suas câmaras de amor.

Quando entramos em seus aposentos (lugares celestiais) por meio da adoração, somos impregnados de tudo o que está nele, e, quando saímos, as pessoas têm que saber que estivemos com ele. Essa é a melhor forma de evangelizar hoje em dia.

Certa vez, Jan, um dos ministros do Toma Tu Lugar, estava no Brasil depois de uma semana de ministração e decidiu ficar mais alguns dias para conhecer o país. Depois de comer em um restaurante, Jan saiu, e um senhor, que guardava carros, aproximou-se e começou a ver algo diferente nele. Os dois não se entendiam muito bem por causa do idioma, mas, com umas poucas palavras de Jan, o homem começou a chorar no meio da rua tão somente por ver um brilho diferente em seu rosto. Sempre brincamos dizendo que não sabemos se o homem chorava porque Jan era feio ou porque via a glória de Deus nele.

Sabemos que aquele homem viu o fruto da intimidade. Creio que isso é uma antecipação ao que acontecerá naturalmente com os íntimos. Não precisaremos de tantos folhetos que falem de Deus porque seremos cartas vivas e que as pessoas "vão ler" Cristo em nós, esperança da glória. Desejarão ter o que temos e estar com quem estivermos na intimidade.

Em outra oportunidade, eu estava indo pregar em uma igreja em Córdoba, na Argentina, junto com um amigo da equipe. Confesso que levantei cedo para buscar uma palavra para aquela congregação, mas Deus não me disse nada específico. Então, apenas passei um tempo com ele. Pensei então que talvez não tivesse que dizer nada, somente adorar.

Tomamos um táxi e, ao entrar, havia um cheiro de tabaco porque o taxista estava fumando. Pedimos a ele que apagasse o cigarro e seguimos caminho. Eu comentava com meu amigo Isaías que não sabia o que compartilhar e que apenas teríamos intimidade com o Rei.

De repente, o taxista nos interrompeu e perguntou que perfume estávamos usando que impregnava todo o carro. Olhamo-nos mutuamente e entendemos o que estava acontecendo; automaticamente, o nosso entendimento foi aberto para que falássemos sobre o perfume de Cristo.

O que me encanta nesses exemplos é que não havia música de fundo, nem clima de culto, somente a consequência de haver passado tempo de intimidade com o Amado.

CONCLUSÃO

Incentivo que esta geração não fique olhando de fora os testemunhos dos íntimos, mas, sim, que entre pelas portas da casa de Deus com ações de graças, corra para a habitação do Pai e desfrute do amor dele.

Quando saírem de lá, uma porta será aberta para que muitos outros sejam seduzidos pelo céu. Quando provarem, vão se tornar constantes na presença do Todo-poderoso.

GINOSKO

Conhecimento

1. Escreva sinceramente: O que é que mais o seduz? As atrações do céu ou as do inferno?
2. Busque na Bíblia exemplos de pessoas que trouxeram a realidade do céu para a terra e siga esse exemplo.
3. Identifique ao seu redor tudo o que serve de distração aos seus períodos de intimidade. Seja radical, arranque o mal pela raiz. Busque autoridade espiritual sobre a sua vida e confesse tudo o que está acontecendo.

Experiência

- Deixe tudo o que estiver fazendo e separe tempo de qualidade para entrar por esse novo e vivo caminho (Jesus). Peça a Deus para conhecer mais de seus aposentos secretos, ou seja, seus lugares celestiais. Apenas creia. Ele está à sua espera.

Capítulo 8

Saindo da Babilônia

> Que acordo há entre o templo de Deus e os ídolos? Pois somos santuário do Deus vivo. Como disse Deus: "Habitarei com eles e entre eles andarei; serei o seu Deus, e eles serão o meu povo". Portanto, "saiam do meio deles e separem-se", diz o Senhor. "Não toquem em coisas impuras, e eu os receberei". (2Coríntios 6.16,17)

Aqui está a condição imposta por Deus para que ele venha morar conosco!

O apóstolo Paulo cita aqui parte do profeta Isaías, que diz: "saiam do meio deles". Em Isaías 48.20, está escrito: "Deixem a Babilônia!".

Há um conceito-chave para entender o que vem: Deus nos tira do Egito (ou seja, do mundo e do pecado), mas da Babilônia nós é que saímos! Trata-se de dois processos diferentes.

Babilônia vem de Babel (Gênesis 11): seres humanos que se reuniram para construir uma torre que chegasse aos céus sem que para isso precisassem depender de Deus. Aquele era um sistema de autogoverno e de autossuficiência. Naquele momento, os hebreus tinham passado de ser um povo e se transformado em um império poderoso. O território babilônico corresponde hoje, mais ou menos, à área onde está o Irã.

A Babilônia não existe fisicamente nos dias de hoje, mas é nomeada na Bíblia como um sistema espiritual que se opõe à manifestação do Reino dos céus entre os homens (Apocalipse 17—18). Estamos falando de uma guerra de princípios:

- A Babilônia diz: "Temos que economizar para ter mais". E é verdade. É lógico. A Babilônia se alimenta da lógica e da razão.
- Mas o Reino dos céus diz: "Há maior felicidade em dar do que em receber". Aqui não há lógica, mas fé!

Sabemos que os seres humanos enfrentam uma grande batalha todos os dias. E sobre isso focaremos aqui.

Neste capítulo, quero enfatizar as diferenças entre a forma de atuação do Reino dos céus e a da Babilônia. Com tais diferenças, teremos discernimento de viver sob o governo correto, sem mescla de nenhum tipo. Estaremos conscientes de que há um enfrentamento de dois sistemas operativos.

Em primeiro lugar, é importante ter em mente que precisamos de revelação para entender as coisas. Não é questão de seguir uma lista de ações e comportamentos de coisas que "não devemos fazer". A Bíblia menciona que tanto o Reino de Deus como a Babilônia são um mistério:

> Ele lhes disse: "A vocês foi dado o mistério do Reino de Deus [...]" (Marcos 4.11).

> Em sua testa havia esta inscrição: MISTÉRIO: BABILÔNIA, A GRANDE; A MÃE DAS PROSTITUTAS E DAS PRÁTICAS REPUGNANTES DA TERRA. (Apocalipse 17.5).

Mistério, segundo o dicionário, tem a ver com:

- Coisa secreta ou recôndita que não se pode compreender, nem explicar.
- Na religião cristã, é algo inacessível à razão e que deve ser objeto da fé.

A revelação acontece quando se tira o véu da ignorância para ver o que antes não se via com olhos humanos.

Peço a Deus que nos dê espírito de sabedoria e revelação no conhecimento dele para ver além da razão e descobrir os mistérios que nos rodeiam.

1. DEPENDÊNCIA *VERSUS* AUTOSSUFICIÊNCIA

Enquanto o sistema da Babilônia alimenta o ego do ser humano para que este creia que depende apenas de si mesmo, o Reino dos céus é dos que são como crianças.

A criança é inocente, tem imaginação, é sincera, mas sobretudo inocente. Depende de alguém para se alimentar, para se vestir, para caminhar e avançar na vida.

A Babilônia semeou na história da humanidade um espírito de independência muito forte. Desde as consideradas "boas motivações", como a independência dos países, a independência da mulher com relação ao homem, dos filhos com relação aos pais, entre outras. A independência gera rebelião e, para Deus, é algo pior que o pecado de feitiçaria.

Nós, seres humanos, fomos criados para viver em comunidade = unidade em comum. Somos todos diferentes, mas há algo em comum que nos une, e essa é a essência que nos faz felizes e completos. A Babilônia invade o pensamento nos matrimônios para que os casais pensem mais em si mesmos do que na família.

A Babilônia invade convicções dos líderes e pastores para criar divisões e ministérios que se tornem independentes, crendo que, porque são "grandes", não necessitam de mais ninguém.

A Bíblia, porém, anuncia o final feliz: Babilônia cairá! E os que vivem de forma independente e autossuficiente não resistirão ao poder da unidade do Reino dos céus que se estabelece neste mundo.

O segredo para vencer esse ponto é ser dependente de Deus e uns dos outros.

2. ORIGINAL *VERSUS* PIRATA

O Diabo não cria nada, apenas copia.

Deus é o Criador de todas as coisas (Colossenses 1.15,16). Sua essência é criar o que não existe e fazer tudo de forma perfeita e original.

Se não recusamos Jesus e o aceitamos em toda a sua forma e poder, Deus nos dá o poder de sermos seus filhos (João 1.12). Uma vez filhos de Deus, devemos ter o DNA dele de criatividade dentro de nós e caminhar nos moldes originais do céu, que transforma a realidade em que vivemos.

A Babilônia deseja que copiemos a "moda" do momento. Como já exemplifiquei: surge o *rock*, e fazemos "*rock* cristão". Surge o *reggae*, e fazemos o "*reggae* cristão". É como se puséssemos uma etiqueta do evangelho em coisas que são inventadas por outro. Ainda que Deus tenha criado a música, a Babilônia se encarrega de mesclá-la com coisas terrenas para que se perca a essência da originalidade do céu.

Mas, quanto à cópia, não me refiro apenas à música. Líderes e pastores também copiam o modelo de evangelismo ou discipulado que funcionou em outro lugar. Isso também é ser influenciado pela Babilônia.

Em resumo, o "pirata" sempre sai mais barato, é mais fácil. Mas Deus está despertando pessoas que estão dispostas a pagar o preço pelo original, que subirão às câmaras secretas do Criador para baixar modelos, sons, ideias e estratégias originais do céu para afetar o curso da terra. Então, entenderemos que todo o que é nascido de Deus vence o mundo (cf. 1João 4.5).

3. PEDRAS VIVAS *VERSUS* TIJOLOS

Na minha opinião, o que mais Deus odiou na torre de Babel foi que os homens rejeitaram o que ele havia criado para inventar coisas que eles acreditavam ser melhores. Deus criou as pedras para construção, e em Gênesis 11.3 lemos que eles usaram tijolos em vez de pedras.

Mas o Reino de Deus é feito de pedras vivas (1Pedro 2.5). Pessoas diferentes, cada uma com suas aptidões e qualidades, mas que se completam para formar um edifício no qual Deus possa habitar.

A Babilônia torna as pessoas em tijolos, todos iguais, e procura encaixá-los em sua construção de império pessoal; para Deus, contudo, cada pessoa é única e tem um propósito em seu Reino, é pedra viva.

Os impérios pessoais que usam e abusam das pessoas cairão, mas as pedras vivas serão a referência de que Deus está no controle de todas as coisas.

4. ADORAÇÃO *VERSUS* IDOLATRIA

Durante seu governo na Babilônia, o rei Nabucodonosor fez um decreto para que ao soar todo tipo de instrumentos musicais os homens se prostrassem para adorar a imagem dele, feita de ouro (Daniel 3).

A Babilônia adora imagens humanas, mas no Reino dos céus não há lugar para "estrelas", apenas para a Estrela da Manhã e o Sol da Justiça. Somente Jesus merece brilhar. E esse é um confronto constante.

A Idolatria manifesta-se em tudo o que se honra e respeita mais do que a Deus, ou quando dependemos de algo ou de alguém mais do que de Deus. Muitas vezes, a Babilônia insere na mentalidade da igreja, mesmo inconscientemente, admiração por homens e mulheres, dos quais passamos a depender para nos aproximarmos mais de Deus. No entanto, não há intermediários entre Deus e os homens, somente Jesus Cristo homem (cf. 1 Timóteo 2.5).

Não podemos esperar que o culto a imagens, a virgens e a outros deuses acabe se há idolatria dentro da igreja. Não podemos julgar aquilo em que somos culpados. Por isso, o Diabo tentou Jesus, dizendo: "Tudo isto te darei se te prostrares e me adorares". Mas Jesus lhe respondeu: " 'Adore o Senhor, o seu Deus, e só a ele preste culto' ".

Há uma linha muito tênue entre respeito e idolatria. João, o discípulo íntimo, estava no Espírito tendo as revelações descritas em Apocalipse. Já havia vivido e experimentado coisas muito gloriosas, mas, no capítulo 19, depois que um anjo aparece para falar sobre as bodas do Cordeiro, ele se prostrou para adorá-lo.

> Então caí aos seus pés para adorá-lo, mas ele me disse: "Não faça isso! Sou servo como você e como os seus irmãos que se mantêm fiéis ao testemunho de Jesus. Adore a Deus! O testemunho de Jesus é o espírito de profecia". (Apocalipse 19.10)

Vem chegando uma geração de ministros que terão tanta glória de Deus que muitos serão impactados e, por consequência, admirarão essa glória. Mas esses ministros são servos e têm que dizer o mesmo que o anjo: "Adore a Deus!". E então será derramado o espírito de profecia entre as pessoas.

As pessoas precisam de maturidade para saber correr mais para Deus do que para homens e mulheres que refletem a glória de Deus. Porque ninguém roubará a glória do Senhor; tudo vem dele e tudo é para ele.

Precisamos sair da Babilônia, no que diz respeito a amar a aparência e estar impressionados com o *glamour* deste mundo. Que a paixão de Cristo seja a nossa paixão. Não há glória sem cruz.

5. GENEROSIDADE *VERSUS* EGOÍSMO

O alimento da Babilônia é o egoísmo. O espírito de autossuficiência faz que as pessoas pensem somente em si mesmas.

Jesus, porém, ensinou que em seu Reino é diferente: o que morre é o que vive; aquele que perde é o que ganha; é melhor dar do que receber.

Há uma santificação poderosa na generosidade, porque Deus nos criou assim. Está comprovado cientificamente que o ser humano desenvolve uma sensação de prazer, algo como o efeito da adrenalina, quando ajuda alguém ou quando dá algo. A Babilônia quer roubar de nós a alegria, mas Cristo veio para desfazer as obras do Diabo: matar, roubar e destruir. Além disso, Cristo nos deu vida em abundância.

A abundância não se mede pelo que temos, e sim pela quantidade do que oferecemos. É ter vida com tanto de Deus que viveremos transbordando e sempre tendo o que compartilhar com os outros.

> "Curem os enfermos, ressuscitem os mortos, purifiquem os leprosos, expulsem os demônios. Vocês receberam de graça; deem também de graça." (Mateus 10.8)

6. SENTIDOS ESPIRITUAIS *VERSUS* SENTIDOS NATURAIS

A Babilônia apela para a lógica, para a razão e para o que se pode ver e comprovar. Mas o Reino de Deus tem outro idioma, fala de fé, certeza do que não vejo e convicção do que espero.

O humanismo se infiltrou em muitos conceitos da igreja, e muitas pessoas se acostumaram com essa filosofia porque são inexperientes e imaturas, como diz a Palavra:

> Quanto a isso, temos muito que dizer, coisas difíceis de explicar, porque vocês se tornaram lentos para aprender. Embora a esta altura já devessem ser mestres, precisam de alguém que ensine a vocês novamente os princípios elementares da palavra de Deus. Estão precisando de leite, e não de alimento sólido! Quem se alimenta de leite ainda é criança e não tem experiência no ensino da justiça. Mas o alimento sólido é para os adultos, os quais, pelo exercício constante, tornaram-se aptos para discernir tanto o bem quanto o mal. (Hebreus 5.11-14).

Essa palavra é tremenda!

Não podemos nos concentrar nos conceitos humanistas, nem no impuro e falso que contamina a forma de pensar e atuar, e, sim, em exercitar, nos que creem no evangelho, os sentidos espirituais, para que sejam fortalecidos no discernimento do bem e do mal.

Para sair da Babilônia, precisamos discernir onde ela está e como influencia a nossa vida. Há pessoas que desenvolvem o discernimento apenas no nível eclesiástico. Entram no culto e dizem: "Hum... algo não vai bem. O dirigente da adoração está meio fraco, o pastor não está no clima, há muita opressão etc.".

Esse tipo de comentário é feito pelos que creem ser "muito" espirituais, mas depois saem do culto, vão ao cinema ver qualquer filme e absorvem a mensagem e as imagens do filme e nunca discernem o bem e o mal.

Necessitamos de discernimento no cotidiano para tomar decisões corretas, para cobrir a nossa casa, para falar com os que estão à nossa volta todo o tempo (e, às vezes, não nos damos conta), para saber quando é o momento de deixar tudo e correr para a intimidade com Deus, para lidar com as amizades e para tudo o que vemos e escutamos.

Saímos da Babilônia quando não nos movemos de acordo com a realidade desse sistema, e sim de acordo com a verdade que vem da boca de Deus.

O primeiro versículo que o meu filho Samuel memorizou foi: " 'Felizes os que não viram e creram' " (João 20.29).

Esse é um ótimo versículo para ser memorizado!

7. ENTENDIMENTO *VERSUS* CONFUSÃO

Babel significa confusão. Quando Deus desceu e interrompeu a construção dos seres humanos, eles começaram a falar idiomas diferentes e deixaram de se compreender. Imagino que aconteceram muitas brigas e discussões até terminarem em divisão: cada um para um lado diferente.

É incrível ver que nos dias de hoje ainda acontece o mesmo. Há muitas divisões entre nós: casais que falam o mesmo idioma, mas que não se entendem; igrejas que se dividem; denominações feitas por homens; ritos e rotinas vazios que, em vez de edificar, confundem mais. Tudo isso é influência da Babilônia.

Quando veio o derramamento do Espírito Santo em Atos 2, todos foram cheios do fogo de Deus, e ele repartiu línguas, idiomas. Diz a Palavra de Deus que não eram línguas angelicais, mas línguas que todos os estrangeiros que estavam ali podiam entender e, assim, compreendiam as maravilhas de Deus por meio da boca dos cristãos. Tal sinal era para destruir a confusão da Babilônia.

O Espírito do Deus vivo em nós vence toda confusão do sistema deste mundo. É tempo de traduzir Deus para as pessoas que não compreendem e para os que estão confusos nas trevas.

Deus está em nós não para que nos emocionemos nos cultos, não para que nos agarremos ao frenesi (entusiasmo delirante, arrebatamento) da unção, não para tremermos sem sentido, mas para profetizarmos, trazendo, dessa forma, o entendimento a um mundo em confusão.

Corresponder ao Espírito de Deus é uma prática que põe ordem na confusão da Babilônia.

VENCENDO A PROSTITUIÇÃO

Quero terminar este capítulo contando um sonho que a minha esposa teve anos atrás.

No sonho, ela e eu tínhamos sido convidados para um evento. Havia muitas pessoas desconhecidas do meio cristão, as quais eram uma espécie de anfitriões. Fomos levados para um hotel muito bonito e luxuoso. De repente, entramos no quarto onde dormiríamos, e na cama havia uma menina que tinha sido abusada da pior maneira possível de se imaginar. Sangrando muito, por causa da violência que sofrera, ela tinha por todo o corpo marcas de tortura e outras coisas horríveis que podem acontecer a uma mulher violentada.

Quando vimos a cena, no sonho, ficamos aterrorizados. Até que um dos "famosos" do meio *gospel*, com frieza e indiferença em relação à vítima, disse: "Oh, que pena! E agora, onde vocês vão dormir? Como vamos limpar isso? Não se preocupem, pois vou conseguir outro quarto".

Quando entramos em outro quarto, havia outra mulher no mesmo estado, igualmente violentada e abusada.

E a reação dos pastores e cantores famosos foi a mesma. Eles estavam mais preocupados com o lugar e a estrutura do que em se compadecer das pessoas.

Foi então que Jesus disse a Fernanda, minha esposa: "Esta menina violentada e abusada é a minha noiva, a minha Igreja. E eles não têm ideia do que causam em mim quando a tocam e o que pode acontecer com eles por isso. Os que tinham que cuidar dela por um tempo pensam apenas em tirar proveito. Dói em mim porque é a minha noiva, a minha Igreja".

Quando Fernanda me contou seu sonho, eu estremeci. Veio sobre mim um temor permeado de reverência. Tenho o mesmo sentimento até hoje. Aliás, escrevo estas linhas com lágrimas nos olhos, porque amo Jesus, e o que dói nele dói em mim também.

A última comparação cabível é a da Igreja como a noiva de Cristo (cf. Efésios 5.31) e Babilônia como a prostituta (cf. Apocalipse 17.5).

Aqueles que têm prazer na Babilônia acabaram consigo mesmos e com tudo o que tocam. Porque prostituição é se vender por algo.

A única vez que vemos Jesus realmente irritado foi quando entrou no templo e havia pessoas interferindo entre Deus e as pessoas; cambistas vendiam pombas para oferecer sacrifício a Deus, os quais Jesus aponta como aqueles que haviam transformado a casa de oração em cova de ladrões.

A pomba na Bíblia representa o Espírito Santo. Os que "negociam" com a unção e dão preço à graça que Deus nos deu estão colocando-a à venda. Não há outro nome que caracterize melhor essa prática que prostituição.

Quando alguém dedica o corpo e os dons que Deus lhe deu para ganhar dinheiro, isso é prostituição. Mas, quando se vive para o propósito de Deus e isso gera um ganho, é outra coisa.

Muitos que se dizem cristãos tocam e se aproveitam da igreja para construir seu império pessoal, ao mesmo tempo que usam a manipulação e o controle para manter as pessoas "encantadas".

A Bíblia diz que a feitiçaria é manipular pessoas com poderes espirituais. O poder da Babilônia é o encantamento e a feitiçaria (Isaías 47. 9-12). Mas o Rei das nações sabe amar e se apaixonar da melhor maneira. Ele deseja uma noiva sem mancha e sem ruga. E os que tentam tocar e abusar dela serão surpreendidos, porque o poder da ressurreição está sobre ela e a igreja brilhará na escuridão.

> "Olhe! A escuridão cobre a terra, densas trevas envolvem os povos, mas sobre você raia o SENHOR, e sobre você se vê a sua glória." (Isaías 60.2)

O amor tudo pode!

É melhor que ninguém toque na noiva de Jesus; caso contrário, terá que prestar contas diretamente a Deus.

Muitas vezes, temos intimidade com os prazeres da Babilônia e tratamos a igreja como prostituta. Eu sei que é forte, mas precisamos refletir sobre isso.

Quando queremos a igreja apenas para receber alguma bênção e satisfazer a nossos interesses pessoais, fazemos trocas: eu dou dinheiro em forma de oferta e dízimo e tiro proveito disso, mas sem compromisso.

Contudo, isso está mudando. O Espírito se une ao clamor da noiva para trazer Cristo de volta ao governo da terra:

O Espírito e a noiva dizem: "Vem!" E todo aquele que ouvir diga: "Vem!" Quem tiver sede venha; e quem quiser beba de graça da água da vida (Apocalipse 22.17).

Você, que está lendo este livro e tem o privilégio de estar em contato com a igreja, entenda que é importante absorver estes conselhos:

- Não toque no que não é seu.
- Não se aproprie do que é de Deus.
- Não controle ninguém. Manipular é mover os sentimentos de outra pessoa por interesse próprio.
- Não chame a atenção da noiva para você.
- Há pessoas que, em vez de incentivar a igreja a se apaixonar por Cristo, faz que se apaixone por seus talentos.

João Batista, que foi o primeiro a abrir o caminho para a primeira vinda de Cristo, é o exemplo dos que querem preparar o caminho do Noivo para a segunda vinda.

"A noiva pertence ao noivo. O amigo que presta serviço ao noivo e que o atende e o ouve enche-se de alegria quando ouve a voz do noivo. Esta é a minha alegria, que agora se completa. É necessário que ele cresça e que eu diminua." (João 3.29,30)

"Naquele dia", declara o SENHOR, "você me chamará 'meu marido'; não me chamará mais 'meu senhor'. Tirarei dos seus lábios os nomes dos baalins; seus nomes não serão mais invocados. Naquele dia, em favor deles farei um acordo com os animais do campo, com as aves do céu e com os animais que rastejam pelo chão. Arco, espada e guerra, eu os abolirei da terra, para que todos possam viver em paz. Eu me casarei com você para sempre; eu me casarei com você com justiça e retidão, com amor e compaixão. Eu me casarei com você com fidelidade, e você reconhecerá o Senhor. Naquele dia, eu responderei", declara o Senhor. "Responderei aos céus, e eles responderão à terra [...]." (Oseias 2.16-21)

É impressionante ver como Deus deseja intimidade com o seu povo. Não é suficiente que sejamos servos que o chamem de "Senhor", porque um servo não sabe o que faz seu Senhor. Ele nos chama a um lugar secreto de amores para nos pôr em outro nível de compromisso. Quanto maior for a intimidade, mais respostas dos céus virão e mudarão a terra.

Que lindo pertencer a um Deus que nos conta o final da história! Isso nos enche de esperança e certeza de que vale a pena ser fiel até o fim. Os capítulos 17 e 18 de Apocalipse falam de como a Babilônia funciona e sobre sua queda. Contudo, depois de ser derrubada, virão as bodas do Cordeiro, conforme o capítulo 19. Uma festa eterna de amor entre Cristo e sua igreja.

A Babilônia cai, e o amor vence.

A eternidade do amor de Deus se compromete em nos encher e nos fazer viver o céu aqui e agora. Aquele que tem ouvidos, ouça o que o Espírito diz.

GINOSKO

Conhecimento

1. Segundo o que Deus revelou a você neste capítulo, que características da Babilônia você vê na sua forma de pensar e viver?

2. Se você está disposto a sair da Babilônia por inteiro, que atitudes radicais pretende tomar hoje?

3. Comente de que maneira você se compromete a não prostituir o tempo, o corpo e os dons que recebeu de Deus.

Experiência

- Tire um tempo de intimidade para purificar o seu coração e o seu espírito de toda influência da Babilônia e de todo ataque que quer prostituir o que há de Deus em você.

Apenas os prazeres do amor de Deus podem nos completar eternamente.

Capítulo 9

Recompensa pública

Há uma relação impressionante entre a conduta do ser humano e o estado da terra. Ou seja, a condição de saúde do Planeta. Deus o quis assim!

Ele criou o ser humano do pó da terra e soprou seu hálito de vida para que tivéssemos sua forma e semelhança. Então, Deus fez um trato com o homem:

> Os mais altos céus pertencem ao Senhor,
> mas a terra, ele a confiou ao homem (Salmos 115.16).

Quando Deus pôs Adão e Eva como guardiões deste mundo, o trato era que fossem semelhantes a ele. Assim como Deus reinava no céu, eles reinariam aqui como representantes dele. Este é o plano original do Pai para com a criação: intimidade e governo.

Mas, quando o homem pecou, entregou de bandeja a autoridade sobre este mundo nas mãos do Inimigo. Foi então que começou a maldade e surgiram as raízes de iniquidade na história da humanidade.

Deus estabeleceu a relação entre a conduta do ser humano e o estado da terra quando disse ao homem: "[...] maldita é a terra por sua causa [...]" (Gênesis 3.17).

Tudo de bom e tudo de ruim que há neste mundo entraram por meio do ser humano, simplesmente porque Deus escolheu dar ao homem e à mulher uma função como a de uma porta do invisível ao palpável.

Conforme foram avançando as gerações, a maldade e o pecado foram aumentando e consequentemente a terra foi sofrendo: "Ao ver como a terra se corrompera, pois toda a humanidade havia corrompido a sua conduta [...]" (Gênesis 6.12).

SARANDO A TERRA

Assim como a atitude do homem pode corromper o Planeta, da mesma maneira seu arrependimento e conexão com Deus podem restaurá-lo e fazê-lo voltar a ser como no princípio de todas as coisas.

Deus assim prometeu:

> "se o meu povo, que se chama pelo meu nome, se humilhar e orar, buscar a minha face e se afastar dos seus maus caminhos, dos céus o ouvirei, perdoarei o seu pecado e curarei a sua terra" (2Crônicas 7.14).

Esse é um modelo muito conhecido de restauração. Mas observe como funciona o processo de cura da terra. Há uma condição: "se o meu povo se humilhar". Não são todas as pessoas; trata-se do povo de Deus, seus representantes neste mundo. A nossa busca pela face de Deus faz que ele intervenha a nosso favor, endireitando o que está corrompido e sarando o que ele criou perfeito e que o homem acabou corrompendo.

Chegou o tempo da restauração de todas as coisas para que ele reine conosco:

"Arrependam-se, pois, e voltem-se para Deus, para que os seus pecados sejam cancelados, para que venham tempos de descanso da parte do Senhor, e ele mande o Cristo, o qual lhes foi designado, Jesus. É necessário que ele permaneça no céu até que chegue o tempo em que Deus restaurará todas as coisas, como falou há muito tempo, por meio dos seus santos profetas" (Atos 3.19-21).

Jesus não voltará até que se inicie o tempo da restauração de todas as coisas conforme o plano original do Pai: um lugar de intimidade com o ser humano e governo de Deus sobre a terra.

O nosso planeta tem sofrido dores de parto por causa das gerações que se corromperam nele. Desde o primeiro Adão até a Lei, as coisas vão de mal a pior. Até que se ouviu que o segundo Adão viria; imagino a expectativa da terra com essa notícia. E a Palavra de Deus confirma o propósito da vinda de Jesus: " 'Pois o Filho do homem veio buscar e salvar o que estava perdido'." (Lucas 19.10).

O que se perdeu? Além da posição do homem diante de Deus, perdeu-se a essência do plano original, a intimidade entre Deus e o homem, a autoridade do ser humano sobre a terra.

Cristo não veio para nos pregar palavras motivacionais a fim de que melhorássemos a nossa qualidade de vida. Definitivamente não! Ele veio dar início ao tempo de restauração de todas as coisas conforme o modelo original do Pai. Ele não veio para nos levar para o céu. Sua pregação foi:

"[...] Arrependam-se, pois o Reino dos céus está próximo [...]" (Mateus 4.17).

A palavra "arrependimento" no original é *metanoia*, que quer dizer mudança de mentalidade. A pregação de Jesus foi: "Já não pensem como este mundo pensa. Mudem sua maneira de ver as coisas para que vivam a cultura do Reino dos céus aqui e agora!".

Algo que ajuda a mudar a nossa forma de pensar é saber qual é a responsabilidade que ele nos deu para executar aqui. Às vezes, somos bons cantores e fazemos lindos congressos que animam o público, ou somos excelentes com estratégias para encher tempos, mas talvez as nossas cidades continuem de mal a pior!

Uma vez mais repito que o sonho de Deus não é ver templos cheios, mas cidades transformadas e nações rendidas a seus pés. Para isso, é necessário que o homem mude de conduta. Só assim haverá restauração onde pisamos, na geografia que nos cerca, no ar que respiramos, na água que tomamos e em todos os elementos essenciais à vida.

O lugar onde pisa a planta dos nossos pés tem que ser afetado, se é que temos o DNA de Cristo no nosso interior e vivemos como íntimos dele, não como religiosos nos templos.

Há uma geração que precisa reagir ao clamor da criação e entender que somos a resposta do céu para restaurar este mundo:

> Considero que os nossos sofrimentos atuais não podem ser comparados com a glória que em nós será revelada. A natureza criada aguarda, com grande expectativa, que os filhos de Deus sejam revelados (Romanos 8.18,19).

É importante perceber que a passagem bíblica diz que a glória vindoura se manifestará por meio de nós! Não virá nada "sobrenatural" do céu. Na realidade, já veio! A glória vindoura ou glória posterior, como dizem as Escrituras, não é um templo maior, não são mais e mais manifestações; ao contrário, é Cristo em nós, esperança da glória.

ADORAÇÃO PÚBLICA

"Manifestar" significa trazer à luz algo que estava oculto. Muitas pessoas não podem conceber a união entre adoração e evangelismo. Mas não adoramos para entrar na presença de Deus; adoramos porque Jesus já abriu um novo e vivo caminho por seu sangue; uma vez que temos acesso à presença do Pai, adoramos para que o invisível de sua pessoa se faça presente onde estamos. Se ele se faz presente, a enfermidade tem que sair, a depressão desaparece, a tristeza perde seu lugar e todo o que se aproxima é transformado.

Quando adoramos com essa intenção em templos, vemos resultados poderosos da manifestação da presença de Deus, mas o conceito é o mesmo em qualquer lugar onde estivermos reunidos.

Precisamos de pessoas que tenham este entendimento: somos portas do céu onde quer que estejamos!

Como disse antes, o ser humano é uma porta do espiritual para o natural, do invisível para o visível. Precisamos desenvolver uma vida de adoração vinte e quatro horas, nos sete dias da semana, na presença de Deus. Davi nos deixou uma chave de adoração vinte e quatro horas por dia, todos os dias da semana, em Salmos 24.7:

> Abram-se, ó portais;
> abram-se, ó portas antigas,
> para que o Rei da glória entre.

O ser humano é a porta para que o Rei da glória entre na terra. Tudo o que devemos fazer é manter os pés aqui e levantar os olhos aos céus buscando as coisas do alto. Adorando, as portas se abrem e o Rei entra!

Adoração pública não é fazer um *show* ao ar livre. Vai muito além de ter um palco e som. Depende do entendimento entre os que adoram. Diz respeito a pessoas que sabem que têm o DNA de Deus e a consciência de que Cristo em nós é a esperança da glória que este mundo precisa. Além disso, sabem que, quando adoramos, abrimos caminho para que o Rei de glória se manifeste para restaurar tudo ao redor.

Quer se trate de um evento com muitas pessoas adorando quer com apenas algumas pessoas, com ou sem um instrumento, é preciso saber que, onde quer que estejam, o céu se abrirá e a terra mudará por causa daquilo que estão fazendo.

Um exemplo bíblico é o que aconteceu com o profeta Elias. Quando ele confrontou os falsos profetas de sua época, convidou-os a um lugar público e conhecido de toda a região: o monte Carmelo. Não se tratava de uma sinagoga ou templo, mas de um lugar neutro e chave para que todos tivessem acesso e pudessem ver quem era o verdadeiro Deus.

A estratégia de Elias foi simples: aquele que adorasse publicamente e tivesse resposta de seu Deus seria vitorioso!

Todos sabemos o que aconteceu: os falsos profetas gritavam, saltavam, cortavam-se, tentaram de tudo, mas não aconteceu nada. Elias somente reconheceu quem era Deus, adorou e ele respondeu com fogo do céu. E a reação de todas as pessoas que olhavam foi reconhecer que o Deus de Elias era o verdadeiro (1Reis 18).

Temos visto muitas pessoas curadas, libertas e que ainda se convertem no meio da adoração. Simplesmente porque onde Jesus está tudo se transforma. Mas, se isso acontece dentro de quatro paredes, se adoramos em uma praça ou em qualquer lugar público, o efeito será o mesmo. E será ainda mais eficiente porque o ambiente mudará e os arredores absorverão a manifestação dos filhos de Deus.

Adorar com pessoas que compreendem os tempos em que vivem, em dias-chave e em lugares específicos para a cidade, provoca mudanças na atmosfera e abre portas do céu para o lugar.

PORTAS ESPIRITUAIS

Temos aprendido que há, pelo menos, três tipos de portas espirituais na Palavra:

1. Lugar como porta
Exemplo: Betel
Quando Jacó deitou nesse lugar que se chama Luz, viu uma escada que conectava o céu e a terra, e anjos subiam e desciam por ela. A ordem das ações é muito importante. Os anjos primeiro subiam e depois desciam, ou seja, estavam aqui no mundo físico. Subiam levando adoração e intercessão e desciam trazendo resposta do céu.

Há lugares que são porta dos céus ou do inferno para uma cidade. É fácil identificar:

- Porta do céu: Lugar físico que leva a realidade de Deus (justiça, alegria e paz) às pessoas que se aproximam dele, provocando transformação e alinhando o nosso plano terreno com a vontade de Deus.
- Porta do inferno: Lugar físico que contamina as pessoas e a terra com o que se produz aqui.

2. Evento como porta
Exemplo: A entrada triunfal em Jerusalém
A entrada de Jesus em Jerusalém, montado em um jumento, foi um acontecimento antecipado pelos profetas. Era o grande

dia da salvação de Israel. Mas, diz a Palavra em Lucas 19. 41-44, que, por Jerusalém não reconhecer o tempo da visitação de Jesus, viriam momentos de destruição e falta de paz sobre a terra. E é assim até hoje.

Sofremos as consequências até os dias de hoje por não perceber que, por trás desse evento, havia uma porta que se abria para a cidade.

Precisamos realizar eventos que tenham a finalidade de abrir portas na cidade, não de eventos para entreter pessoas ou, no pior dos casos, para conseguir dinheiro. Precisamos de pessoas que compreendam os tempos vividos e que saibam quando e como abrir caminhos para estabelecer o Reino de Deus concretamente.

3. Pessoas como portas

Exemplo: Salmos 24.7

Creio que esse é o exemplo que mais repetimos neste livro. E espero que a mensagem deste trecho fique clara na sua mente!

O ser humano, quando alinhado com Deus, é uma porta do céu onde quer que esteja.

Com os pés na terra e os olhos no céu, a porta se abre e o Rei da glória entra.

Chega de distração com as coisas deste mundo! Chega de depender de homens para chegar perto de Deus! Chega de idolatria no nosso meio. Já chegou a hora em que os verdadeiros adoradores levantarão a cabeça e se abrirão como portas do céu na terra.

Experiências

Tudo começou quando fui a Israel, em 2008. Era uma turnê com propósito. Durante o dia, visitávamos os lugares santos e à noite havia reuniões de adoração no salão do hotel. Em um dos dias de visita, fomos ao monte Carmelo, o lugar onde Elias clamou por fogo do céu. Entendi que havia um portal aberto naquele lugar físico. O que pedíssemos ali seria respondido pelo céu.

Começamos a adorar no monte, e um profeta que nos acompanhava viu que Deus responderia à nossa adoração com chuva. Os que conhecem Israel sabem que é uma terra desértica e quase nunca chove por lá. Eu estava tocando guitarra e cantando quando o profeta disse isso. Olhei para o céu e estava limpo, mas, em questão de minutos, as nuvens foram se juntando e começou a cair uma chuva fina. Eu disse que era uma chuva de confirmação. Estivemos dez dias em Israel e somente naquela manhã choveu!

Ao experimentar isso, algo acendeu dentro de mim: este é o segredo! Elias levou as pessoas a um lugar público para confrontar o falso e manifestar o verdadeiro, e o que eles fizeram há mais de três mil anos deixou uma porta aberta naquele lugar físico.

O palco de Elias naqueles dias foi o monte Carmelo, mas, hoje em dia, são as nossas cidades.

Córdoba

Desde então, junto com a equipe Toma Tu Lugar quisemos viver esse tipo de experiência. Poder adorar em lugares públicos e em dias-chave ou especiais em determinada cidade, até que o céu intervenha sobre a terra e mude todas as circunstâncias. Adorar até que as portas sejam abertas e por elas cheguem a justiça e a salvação do nosso Deus.

Em 2009, fizemos um evento em Córdoba, o coração da Argentina, que chamamos de "Homenagem ao Grande Artista". Tratava-se de um congresso para treinar formas de despertar a criatividade do céu no povo de Deus. Foi muito bom! Mas o que mais nos marcou foi uma tarde em que Deus nos fez sair do lugar do congresso e ir a sete pontos-chave da cidade. Fomos com pequenos grupos, somente para adorar e declarar portas abertas na cidade. Saímos com guitarras, percussão e todo tipo de expressão artística. Foi uma experiência inesquecível para os que participaram, porque vimos que as pessoas ao redor não entendiam nada, mas se sentiam atraídas e queriam o que estávamos fazendo.

Um profeta que estava no evento viu que em cada ponto da cidade a que fomos adorar se armava uma espécie de "escada de Jacó", algo que conectava o céu e a terra. Foi uma impressão espiritual, mas todos que estavam lá sentiram isso.

Como sinal físico do que aconteceu, tivemos um testemunho muito lindo. Um menino tirou uma foto do céu de Córdoba nesse evento e, para nós, foi uma confirmação no natural do que estava acontecendo no espiritual.

O salmo 19 diz que os céus manifestam a glória de Deus. Cremos que essa foto foi apenas um reflexo do que aconteceu e do que sempre acontece quando os filhos de Deus se manifestam publicamente.

Chile

Em 18 de setembro de 2009, estivemos na cidade de Temuco, no sul do Chile. Ali, juntos com vários adoradores apaixonados (em sua maioria, jovens), fomos adorar em uma praça que era uma espécie de "zona vermelha" (ponto de prostituição e venda de drogas).

Ficamos orando por algumas horas e declarando palavras de Deus sobre a cidade e a nação. Naquele dia, 18 de setembro, comemorava-se o Dia da Independência do Chile. Portanto, tratava-se de um dia-chave. Simplesmente declaramos: "Venha o teu Reino, seja feita a tua vontade na praça como no céu".

Sentimos imensamente a presença de Deus, mas não vimos nenhum resultado visível no momento. Contudo, uns dias depois, o organizador do evento comentou conosco que a polícia havia capturado uma rede de prostituição que funcionava naquela área e tiraram a "zona vermelha" da praça. Tremendo! Isso é o Reino de Deus em ação.

Venezuela
Fomos dois anos consecutivos à cidade de Cagua, no estado de Aragua. Tivemos ali experiências extraordinárias com Deus. Foi tremendo estar no mesmo lugar dois anos seguidos; desse modo, pudemos ver os resultados com o passar do tempo.

Em 2010, participamos de um congresso e, em um momento, saímos às ruas para adorar em pontos-chave da cidade. Em 2011, voltamos e fizemos o mesmo. Uma praça da cidade, considerada "zona vermelha", teve seu aspecto mudado completamente, e uma igreja foi inaugurada em uma de suas esquinas. Aliás, a igreja se chama "Porta do Céu". Pudemos ver o estabelecimento do Reino de forma física e concreta.

Buenos Aires
Em 2010, na cidade de Monte Grande, participamos de um congresso chamado "Intimidade com o Amado". Naquele ano, o enfoque era a adoração pública. Lembro-me de que foi algo novo para todos nós, porque realizar um congresso no interior do templo era algo conhecido por todos nós, mas sair às ruas para adorar em geral causa certo incômodo. No entanto, é assim que vemos o poder do Pai em ação. Agora entendo quando Paulo dizia: "Não me envergonho do evangelho, porque é o poder de Deus [...]".

Certa manhã, fomos à praça principal da cidade, e o organizador do evento tinha um organograma. Várias bandas e ministérios participariam, e havia um programa e horários a serem cumpridos. Lembro-me muito bem de que o pastor disse: "Aqui está o programa, mas vamos dar liberdade ao Espírito". E Deus levou isso a sério!

Assim que o evento público começou, a luz acabou e não pudemos ligar os instrumentos musicais, nem o microfone, nada. Então, pegamos as guitarras acústicas e começamos a caminhar entre as pessoas. Todos foram se contagiando, e se formou um impressionante ambiente de adoração. Pouco depois, a energia elétrica voltou, mas todos já estavam conectados com a essência do motivo de estarmos reunidos ali.

O resultado desse movimento foi visto mais adiante. Um ano depois, voltamos à mesma cidade e ouvimos lindos testemunhos. Em primeiro lugar, que a mesma igreja havia se unido para continuar adorando e declarando palavras sobre a cidade. Chegamos à conclusão de que as mudanças concretas numa cidade não são produzidas em um evento, e sim quando a igreja se envolve no processo de transformação contínua. Não é o esforço de um ministério ou de uma denominação; é a Igreja de Cristo que avança e, dessa forma, não há como as portas do inferno resistirem.

O pastor nos contou que um dos sinais físicos percebidos foi o fechamento da maior discoteca da região. Ela se chamava "Inferno". O nome não era casual. Não somente essa discoteca fechou, como também, por problemas legais, um decreto do governo declarou que todas as discotecas do lugar deveriam ser fechadas!

"E eu digo que você é Pedro, e sobre esta pedra edificarei a minha igreja, e as portas do Hades não poderão vencê-la.

Eu darei a você as chaves do Reino dos céus; o que você ligar na terra terá sido ligado nos céus, e o que você desligar na terra terá sido desligado nos céus." (Mateus 16.18,19)

Há muitas outras experiências e resultados que vimos como equipe nos últimos anos, mas a ideia de contá-las é apenas para mostrar a eficácia da adoração pública e que, na realidade, ainda não vimos nada! Há muito mais. Isso serve apenas para despertar os famintos e sedentos por justiça.

"Vocês, céus elevados,
    façam chover justiça;
    derramem-na as nuvens.
Abra-se a terra, brote a salvação,
    cresça a retidão com ela;
    eu, o Senhor, a criei". (Isaías 45.8)

Um conceito poderoso que precisa ser incorporado na igreja é que precisamos entender o poder do acordo ao fazer algo como adoração pública.

Assim, se toda a igreja se reunir e falar em línguas e alguns não instruídos ou descrentes entrarem, não dirão que vocês estão loucos? Mas, se entrar algum descrente ou não instruído quando todos estiverem profetizando, ele por todos será convencido de que é pecador e por todos será julgado, e os segredos do seu coração serão expostos. Assim, ele se prostrará, rosto em terra, e adorará a Deus, exclamando: "Deus realmente está entre vocês!". (1Coríntios 14.23-25)

A expressão "todos profetizando" chama a minha atenção. Independentemente de onde estejam, trata-se do poder da comunhão.

Profetizar não é falar do futuro. Profetizar é traduzir o celestial para a linguagem terrena.

Aproxima-se o tempo em que todos nos reuniremos em um lugar público, em um dia-chave para a nação, todos profetizando no poder da concordância para que Deus tome seu lugar.

Esse é o som que faz estremecer o inferno, que provoca festa no céu e transformação na terra. Não é novo. Na realidade, esteve em silêncio por séculos. Mas chegou o tempo quando os filhos de Deus tomarão seu lugar mostrando que o Rei está no controle.

GINOSKO

Conhecimento

1. Que relação há entre o ser humano e a terra?

2. O que você pode fazer para trazer o Reino de Deus à sua vida cotidiana, afetando a cidade onde mora?

3. Encontre exemplos na Bíblia de portas espirituais.

Experiência

- Identifique lugares que são portas espirituais na sua cidade; entre em acordo com a sua congregação ou grupo de amigos e adorem com entendimento. Determinem um prazo de tempo e não se detenham até verem resultados concretos.

Capítulo 10

Trabalho multigeracional

Deus é um Deus de propósitos, e seus propósitos se estabelecem por meio das gerações. Ele é o Deus de Abraão, Isaque e Jacó. Trabalha por meio de muitas pessoas, em diferentes épocas, para cumprir suas promessas. É o mesmo hoje, ontem e sempre. O êxito do Reino dos céus está relacionado com o trabalho "multigeracional". Se Deus pensa nas gerações, os íntimos dele também devem pensar!

Um íntimo do Pai é aquele que ama o que ele ama e odeia o que ele odeia. Todos sabem que Deus odeia o pecado e seus sintomas. Contudo, o que Deus ama é muito mais amplo. Precisamos estar alinhados com o coração do Pai para contribuir com o que ele continua edificando ao longo das gerações.

O rei Ezequias foi um homem reto aos olhos de Deus, ou seja, uma pessoa íntima de Deus em seu tempo. Mas seu fim não foi tão exitoso. Sua história nos mostra que é importante ter em mente as advertências que recebemos.

A maior parte de sua história está em 2Crônicas 29—32. Recomendo que leia todo o contexto para entender que Ezequias foi um homem bom. Ele foi uma espécie de reformador para a nação de Israel, tanto no âmbito espiritual como no socioeconômico, que evoluiu em seu governo. Contudo, ele não pensou em suas gerações. E esse foi seu pior erro.

No âmbito espiritual, ele purificou o templo. Tirou toda a imundície da casa de Deus, ativou o serviço dos sacerdotes e levitas, removeu toda a idolatria dos lugares altos, restaurou a Páscoa, uma celebração de adoração pública em Israel, e muitas outras coisas importantes.

No âmbito socioeconômico, teve sucesso nos empreendimentos que desenvolveu. Construiu cidades, expandiu a agricultura nacional, aumentou o lucro de importação e exportação. Diz 2Crônicas 32.30 que ele foi bem-sucedido em tudo o que realizou:

> Foi Ezequias que bloqueou o manancial superior da fonte de Giom e canalizou a água para a parte oeste da Cidade de Davi. Ele foi bem-sucedido em tudo o que se propôs a fazer. Mas, quando os governantes da Babilônia enviaram uma delegação para perguntar-lhe acerca do sinal milagroso que havia ocorrido no país, Deus o deixou, para prová-lo e para saber tudo o que havia em seu coração (2Crônicas 32.31).

É aqui que começa a verdadeira prova da pessoa íntima do Pai: no âmbito da prosperidade e no âmbito do sucesso! Quando alguém não tem nada, sempre é dependente de Deus e sempre tem o coração quebrantado, mas, quando começamos a crescer, a amadurecer, a ter frutos, bens, dons e riquezas dados por Deus, começamos a ser independentes e crer que podemos fazer tudo sozinhos. É aí que chega a visita da Babilônia.

É interessante que no texto de Crônicas não se relatam os detalhes da visita dos babilônios. Mas no livro do profeta Isaías há um capítulo inteiro, o 39, dedicado a esse acontecimento.

Esse capítulo diz que o rei Ezequias abriu as portas do palácio e do reino à Babilônia para mostrar tudo o que tinha e o que havia mudado. Em outras palavras, Ezequias tornou-se íntimo da Babilônia ou atuou como se o fosse.

ESTRATÉGIAS DA BABILÔNIA

A Babilônia naquele tempo era um reino, uma terra física. Hoje, é um sistema espiritual. Os capítulos 17 e 18 de Apocalipse falam da Babilônia como cidade, como a prostituta que contaminou a terra e alguns servos de Deus. Em outras palavras, é um sistema espiritual que se opõe constantemente ao Reino dos céus, marcando abertamente uma guerra de reinos.

Assim como o Reino dos céus se manifesta por meio de pessoas e de um estilo de vida, os ataques da Babilônia acontecem por meio de pessoas infiltradas na igreja e de conceitos de ensino que vão contra os princípios do Reino de Deus.

Mas o tema central aqui é que, depois que Ezequias se torna "íntimo" da Babilônia (por meio de um espírito de autossuficiência), Deus envia o profeta Isaías, que lhe diz que, por causa disso, ele perderia tudo o que seus pais haviam conquistado nas gerações anteriores e que seus filhos, ou seja, sua descendência, seriam levados para a Babilônia como escravos e se tornariam eunucos.

A minha esposa acredita que, depois dessa sentença da parte de Deus, Ezequias dá uma das respostas mais egoístas que encontramos na Bíblia:

> "É boa a palavra do Senhor que você falou",
>   Ezequias respondeu.
> Pois pensou: "Haverá paz e segurança enquanto eu viver" (Isaías 39.8).

Como isso é terrível! É importante ressaltar que o rei Ezequias era o mesmo a que, anos antes, Deus havia dito, por intermédio do profeta, que preparasse suas coisas porque ele iria morrer. Mas ele clamou por ajuda e Deus lhe concedeu mais quinze anos de vida. E agora, diante da sentença contra sua própria descendência, em vez de clamar como fizera antes, disse, em outras palavras: "Bem, o que você disse, pelo menos, é bom para mim. Os outros que se virem". Não posso crer que há pessoas com essa mentalidade.

O sistema da Babilônia está estruturado sobre a confusão e o egoísmo, sentimentos e realidades que reinam no pensamento humanista deste tempo. Escuto pessoas dizerem: "Não se pode consertar o mundo, cada um deve cuidar da sua vida". Assim se multiplicam os divórcios, os casais que vivem separados, os filhos rebeldes e principalmente os choques geracionais; e quem sai perdendo é a família.

Devemos nos afastar de todo espírito de egoísmo e parar de pensar: "Por enquanto, tudo está bem". Precisamos ter a mente de Cristo e pensar nas gerações futuras. É preciso fechar as portas para a Babilônia e viver o Reino dos céus até mesmo nos detalhes.

COMO PENSAMOS NAS GERAÇÕES?

Precisamos de pais verdadeiros, naturais e espirituais, que desejem que seus filhos cheguem mais longe e mais rápido que eles. Quando digo pais espirituais, não me refiro à idade, nem à posição eclesiástica, mas, sim, ao desejo de se multiplicar para cumprir o propósito eterno de Deus no nosso tempo.

Escutei a história de um pastor que, aos 15 anos de idade, quando ainda não tinha sequer uma noiva, juntou todo o dinheiro que ganhou em um mês de trabalho vendendo coisas e fez um pacto com Deus. Queria que seus filhos não passassem as mesmas dificuldades financeiras que ele passava. Hoje, muitos anos depois, todos os seus filhos têm êxito na vida financeira e no ministério, porque tiveram um pai que pensou neles quando ainda nem tinham nascido. É isso o que quero dizer: ter a mentalidade de pais que trabalham pelas gerações seguintes ultrapassa a idade, mesmo que haja décadas de vida a mais que o filho!

Certa vez, fui convidado para pregar em um conselho de pastores de uma cidade. Quando cheguei, percebi que não havia pastores jovens. Então, perguntei quantos tinham menos de 35 anos. Para minha surpresa, não havia nenhum.

Em seguida, falei um pouco sobre o famoso texto de Malaquias 4.5,6.

> "Vejam, eu enviarei a vocês o profeta Elias antes do grande e temível dia do SENHOR. Ele fará com que os corações dos pais se voltem para seus filhos, e os corações dos filhos para seus pais; do contrário, eu virei e castigarei a terra com maldição."

Esses são os dois últimos versículos do último livro do Antigo Testamento. Depois disso, começa uma etapa de transição para um novo pacto. Normalmente, todas as Bíblias têm uma ou mais folhas em branco depois de Malaquias e antes de Mateus. Creio que isso é muito significativo, porque representa qual deve ser a nossa atitude em meio a uma transição: ser como uma folha em branco! Deixar antigos hábitos e conceitos para trás a fim de que Deus escreva sua história em nós e por meio de nós.

Comentei com os pastores que precisamos de uma transição na liderança estabelecida. Se a nossa terra está ferida com destruição, é porque as gerações não se reconciliam com esse manto profético que representa Elias. Vejo um choque geracional muito forte que se nota em situações como esta:

Os jovens dizem:

— Ah! Esses velhos religiosos não sabem nada e também não nos dão lugar.

Os ministros estabelecidos dizem:

— Falta muito para esses jovens. Eles precisam passar por tuuuuuudo o que passamos e, quem sabe, apenas depois disso serão como nós.

Fico pensando: afinal o que é que acontece? Será que não há jovens que queiram se comprometer com o Reino ou não há verdadeiros pais que sirvam de estímulo, pais que os impulsionem a ir mais além e mais rápido?

Eu creio que, sim, há muitos meninos, adolescentes e jovens (de idade e espiritualmente também) que estão muito dispostos a fazer o que Deus pede. Falta apenas que os que abriram caminho para o evangelho, os que sabem mais, sirvam à geração seguinte, ensinando-lhes a fim de que não cometam os mesmos erros e que apoiem a caminhada dos mais novos.

Todos nós sabemos que normalmente as gerações seguintes caminham mais rápido. Vemos isso, por exemplo, nos dias atuais com a globalização, com o avanço da tecnologia e da internet. Hoje, os filhos sabem mais que seus pais, e chegam até mesmo a ensinar os pais, simplesmente porque nasceram com mais agilidade e facilidade de adaptação a mudanças. Precisamos aproveitar essa vantagem e não nos perdermos com ela.

Como pai, desejo que o meu filho alcance mais coisas que eu e de maneira mais rápida. Eu já sofri com erros e situações que hoje servem de plataforma para que o meu filho suba e decole até seu propósito em Deus. Em outras palavras, ele não tem que partir do zero. Esta é a ideia deste capítulo! Pensemos nas gerações!

Todos nós temos que ter clareza quanto a isto: pregar o evangelho do Reino a todas as nações. Então, a terra se encherá do conhecimento da glória de Deus, como as águas cobrem o mar. Se temos consciência disso, sabemos que sozinhos não poderemos mudar. Nesta etapa da vida do Reino, não há tempo para os "cavaleiros solitários". Ninguém faz nada sozinho no Reino. Nem sequer o próprio Deus fez. Ele trabalha com uma comissão: Pai, Filho e Espírito Santo. Nem o próprio Jesus fez nada sozinho; ele formou 12 discípulos e, antes de voltar ao Pai, tirou-lhes todos os limites e disse: "Aquele que crê em mim fará também as obras que tenho realizado" (João 14.12). Em outras palavras, "Vocês irão mais longe e mais rápido que eu".

Em outra ocasião, Jesus disse a seus discípulos: " 'Não os deixarei órfãos. Voltarei para vocês' ". (João 14. 18). Observe que Jesus nunca os chamou de filhos, nem os discípulos trataram Jesus como pai. No entanto, as atitudes de Jesus com a geração seguinte eram as de quem tem a mente da paternidade e que deseja dar prosseguimento ao propósito eterno de Deus.

O trabalho multigeracional tem o cuidado de ensinar outros a ensinar! Quando Jesus delegou a Grande Comissão, disse: " 'Portanto, vão e façam discípulos de todas as nações' " (Mateus 28.19).

> E as palavras que me ouviu dizer na presença de muitas testemunhas, confie-as a homens fiéis que sejam também capazes de ensiná-las a outros. (2Timóteo 2.2)

ÍNTIMOS ESPALHADOS PELA SOCIEDADE

Quando Jesus deixou estabelecida a Igreja como seu Corpo terreno, a ideia era que pudéssemos ser seus representantes. Jesus não pode se manifestar, nem caminhar por uma cidade caso não tenha um corpo. Por isso, as pessoas se nutrem e se alimentam da Palavra dele, e nos unimos como corpo de Cristo para ser a resposta ao clamor da criação e ser a manifestação de sua glória.

Não me canso de dizer que o sonho de Deus não é ver templos cheios, mas, sim, cidades transformadas e nações salvas. Não podemos pôr toda uma cidade dentro de um templo, mas podemos pôr toda a igreja dentro de uma cidade. Essa é a forma de estabelecer o modelo do Pai nas gerações.

Toda revelação e todo conhecimento que você adquire enquanto lê este livro precisam ser transmitidos a outros. Precisam ser multiplicados em outros.

Jesus nos deu vida em abundância. Isso não quer dizer que vivemos bem e temos muitas coisas. Quer dizer que tudo o que Deus nos dá transborda. E serve para que outros vivam também o Reino de Deus. De graça recebemos; de graça devemos dar.

É como um vírus que contagia, como uma onda gigante. O que começa na sua vida se espalhará por onde você estiver! As pessoas íntimas de Deus espalhadas pela sociedade mudarão ambientes e circunstâncias contrários à vontade de Deus.

Há anos e anos, a religiosidade nos faz perder gerações inteiras. Antes, pensávamos que servir a Deus era servir no templo, cantar, pregar ou limpar o salão de reunião. Por muito tempo, quando alguém se convertia a Cristo, o acomodávamos de acordo com o programa eclesiástico e o colocávamos como uma espécie de "tijolo" na construção dos interesses pessoais. Isso é Babilônia! Uma torre que se constrói com tijolos todos iguais. Mas a igreja se edifica com pedras vivas, cada uma com sua particularidade, e, por isso, cada pedra deve ser colocada no lugar que Deus designou para ela.

TESTEMUNHO

Na minha família, somos três irmãos. Todos homens. O meu irmão mais velho e eu sempre tivemos facilidade com os instrumentos e para o teatro. Mas o nosso irmão do meio, não. Ele tentou de todas as maneiras participar da nossa forma de fazer igreja na época. Tentou tocar algum instrumento, pregar, liderar etc. Até que um dia se cansou e disse: "A igreja não serve para mim" e tratou de terminar sua faculdade de jornalismo.

Hoje, é um jornalista profissional e trabalha em um dos jornais mais importantes do Brasil. Deus lhe deu graça para fazer isso! Atualmente, ele tem uma influência muito grande no nível social. O que ele diz ou escreve tem peso! Ora, se ele estivesse dentro de quatro paredes tentando fazer algo para o qual não fora criado, perderia o nível de influência que Deus quis lhe dar para que o exercesse em sua vida. O dom dele combinado com a visão do Reino e a paixão por Cristo resultará na manifestação do governo de Deus na sociedade.

Precisamos de íntimos de Deus em todas as áreas da sociedade!

Certa vez, li uma estatística que dizia que apenas 3% de uma congregação cristã terá uma posição eclesiástica (pregar, tocar ou cantar). E o que fazem os outros 97% deles? Serão como espectadores por toda a vida, separando o espiritual do secular? Chegou o tempo de as pessoas que entendem que são uma "pedra viva" na construção de Deus. Elas apenas precisam encontrar seu lugar. Porque seu dom é seu lugar no corpo de Cristo.

Se você estiver louvando a Deus em espírito, como poderá aquele que está entre os não instruídos dizer o "Amém" à sua ação de graças, visto que não sabe o que você está dizendo? (1Coríntios 14.26)

Temos tentado dispor todas as profissões a serviço do templo em vez de espalhar os íntimos em todas as áreas da sociedade. Como disse Johnny Enlow, em seu livro *A profecia dos sete montes*, devemos ser uma igreja governante que toma os lugares altos de cada território. Toda sociedade tem, pelo menos, sete áreas de influência:

1. Política (governo)
2. Economia
3. Educação
4. Família
5. Meios de comunicação
6. Entretenimento (arte, música, esportes etc.)
7. Religião

Por muito tempo, quisemos trazer todas essas áreas para dentro da religião, mas agora é tempo de reformar todas as coisas para que Jesus volte (Atos 3.21). O texto nos diz que a igreja tem que ter o controle do que acontece na terra. Não se trata de política ou autoritarismo: é questão de Reino. O que tem o poder governa. Jesus disse: "[...] Foi-me dada toda a autoridade nos céus e na terra. Portanto, vão e façam discípulos de todas as nações [...]" (Mateus 28.18.19).

O poder de Deus em nossa vida não é para que nos sintamos bem nos cultos, e sim para "discipular nações".

Esta é a melhor forma de salvar gerações. Não com um trabalho piramidal, mas, sim, horizontal, onde nos espalhemos e infiltremos nos lugares altos de cada cidade ou nação, para que reine a luz de Cristo, uma luz que não se pode esconder.

Vejo que se levantam "pontas de lança" que abrirão caminho para o evangelho do Reino, onde antes não era possível. Não lute por um lugar no púlpito da sua congregação; lute como Jacó, para desatar o seu destino em Deus. E ele dará a você um palco muito diferente do que você imagina. Ele dará um caminho para restaurar todas as coisas e reconciliar o mundo com Deus (cf. 2Coríntios 5.19).

Tudo voltará ao plano original: intimidade com Deus e governo sobre a terra.

> Mas graças a Deus, que sempre nos conduz vitoriosamente em Cristo e por nosso intermédio exala em todo lugar a fragrância do seu conhecimento. (2Coríntios 2.14)

GINOSKO

Conhecimento

1. O que você aprendeu sobre a vida do rei Ezequias?

2. De que forma concreta você pode intervir na sua geração e nas seguintes?

3. Em que área da sociedade você se vê atuando para se multiplicar como íntimo de Deus?

Experiência

- Caminhe pelas ruas da cidade onde você mora e observe que coisas precisam ser reconciliadas outra vez com Cristo. Não falo apenas de pessoas, mas de áreas da sociedade que estão sendo governadas pelas trevas.

- Fique atento aos sinais. O que mais o incomoda será exatamente o lugar ou a área em que você deve trabalhar.

Esta obra foi composta em *Adobe Garamond Pro*
e impressa por Gráfica Santuário sobre papel
Polen Bold 90g/m² para Editora Vida.